armin nassehi

das große nein

Eigendynamik und Tragik des gesellschaftlichen Protests

kursbuch.edition

MIX
Papier aus verantwortungsvollen Quellen
FSC www.fsc.org FSC® C083411

Klimaneutral
Druckprodukt
ClimatePartner.com/12752-1803-1001

Zum Ausgleich für die entstandene CO_2-Emission bei der Produktion dieses Buches unterstützen wir die Erhaltung und Wiederaufforstung des Kibale-Nationalparks in Uganda. Das Projekt trägt zum Klimaschutz bei, indem die Bäume bei der Fotosynthese Kohlenstoff aus der Luft binden, es schützt die Biodiversität des tropischen Waldes und sichert 260 Arbeitsplätze.

Bibliografische Information der Deutschen Nationalbibliothek
Die Deutsche Nationalbibliothek verzeichnet diese Publikation in der Deutschen Nationalbibliografie; detaillierte bibliografische Daten sind im Internet über http://dnb.d-nb.de abrufbar.

kursbuch.edition
Herausgeber: Peter Felixberger, Sven Murmann, Armin Nassehi
Druck und Bindung: CPI books GmbH, Leck
Printed in Germany

ISBN 978-3-96196-128-3

Besuchen Sie uns im Internet: www.kursbuch.online
Ihre Meinung zu diesem Buch interessiert uns!
Zuschriften bitte an kursbuch@kursbuch.online

INHALT

Vorwort

Dieses Buch ist keine Gesamtdarstellung von Protestformen und Protestkultur, auch keine historische Rekonstruktion solcher Protestformen. Was dieses Buch leisten soll, gleicht eher einer Phänomenologie von Protest und nähert sich den Fragen, welche Funktion Protest in einer modernen Gesellschaft hat und unter welchen Bedingungen Protest wahrscheinlicher wird. Im Fokus habe ich dabei den Protest als Form, nicht bestimmte Proteste, denn diese unterscheiden sich empirisch, politisch und normativ enorm, aber lassen sich tatsächlich unter einer gemeinsamen Form des Protests subsumieren. So erscheinen dann so ungleiche Dinge wie etwa rechte Demonstrationen gegen die ethnische Pluralisierung der Bevölkerung und die aktuellen Klimaproteste im selben Fokus der Untersuchung. Grundintuition ist dabei nicht die Annahme, rechten und linken Protest identisch zu setzen, zumal es derzeit keinen Zweifel geben kann, dass in der Bundesrepublik der rechte Protest das höhere Gewalt- und Terrorpotenzial hat als linker Protest. Überhaupt wird eine der Hauptthesen dieses Buches sein, dass die Steigerungslogik von Protest durchaus einen inneren Zusammenhang zu gewaltsamen Formen hat – und dies lässt sich auf der rechten Seite derzeit ziemlich deutlich beobachten.

Diese Sparsamkeitsregel, also das bewusste Absehen von den konkreten Inhalten freilich dient dazu, Protest als Protest zu verstehen – auch um dann ein Kriterium an der Hand zu haben, worin sich strukturell ähnliche Protestformen unterscheiden und wo sie doch Ähnlichkeiten aufweisen. Ziel ist ein *Vademecum* für all jene, die sich einen Überblick darüber verschaffen wollen, wie Proteste funktionieren, wie sie zustande kommen, was sie vermögen und wozu sie nicht in der Lage sind. Vielleicht hilft es bei der Diagnose, dass der Text selbst einen ziemlich weiten Sicherheitsabstand zu Protestkommunikation hält. Er wird an keiner Stelle selbst unter Protestverdacht geraten, sondern nur über den Protest handeln.

Zu danken habe ich Irmhild Saake, die die Genese des Hauptarguments kritisch begleitet hat, Magdalena Göbl für das Mitlesen, Peter Felixberger für sehr hilfreiche Anregungen zu verschiedenen Stellen des Buches sowie Luise Ritter für das sensible Lektorat des Textes. Alle etwaigen Dussligkeiten des Textes sind freilich allein mir zuzurechnen.

München, im Februar 2020

Einleitung

Der Protest kehrt wieder – weltweit. Gelbwesten in Frankreich, die Sardinenbewegung in Italien, Widerstand in Chile, Demokratiebewegung in Hongkong, Proteste in der arabischen Welt, rechtspopulistische Protestmärsche, weltweite Klimaproteste, Netz-Proteste gegen sexuelle Belästigung/Übergriffe, Proteste gegen Bauvorhaben oder Infrastrukturmaßnahmen – der Beispiele wären in ihrer Vielfalt viele. Protest ist ohne Zweifel ein demokratischer Vorgang, in rechtsstaatlichen Demokratien sogar ein verbrieftes Recht der Bürgerinnen und Bürger. Protest macht auf Missstände aufmerksam, auch auf Interessen, er zeigt Konflikte an oder erzeugt sie, er kann universalistische hehre Ziele verfolgen, er kann auch für partikulare Belange stehen. Oft ist er nicht mehr als der Ausdruck von Unbehagen oder sogar Ressentiments, oft auch ein mehr oder minder auffälliger Hinweis auf die Notwendigkeit, bestimmte Probleme zu lösen, manchmal auch nur popkulturelles Event. Protest ist nicht per se etwas Gutes oder Schlechtes – Protest ist eine soziale Tatsache, die empirisch vorkommt. Deshalb ist sie – wiewohl Protest durchaus emotional vorgetragen wird, bisweilen mit Regelverletzungen aufwartet, mit eklatanter Verkürzung von Problemlagen arbeitet und vom Beobachter stets eine Stellungnahme verlangt – hier *sine ira et studio* zu analysieren.

Es wird im Folgenden nicht um die Inhalte unterschiedlicher Proteste gehen, nicht darum, worum Protest ringt und welche Themen protestförmig und -fähig waren oder sind. Der Fokus liegt auf der Form des Protests, also auf Protest als einer Sozialform, die offensichtlich ein bestimmtes Problem löst. Es mag fast einer Provokation gleichkommen, von Protest zu handeln, ohne zu Inhalten und Zielen, zur Legitimität oder gar Notwendigkeit Stellung zu nehmen. Es ist aber nötig, eine solche Perspektive einzunehmen, denn ganz offensichtlich ist Protest nicht der Normalfall der Konfliktbearbeitung und Handlungskoordination in modernen Gesellschaften, die stärker als alle früheren Sozialformen daran gewöhnt sind, mit unterschiedlichen Perspektiven und Interessen umzugehen und diese Unterschiedlichkeit als wenigstens prinzipiell legitim anzusehen. Es gehört zur Grundausstattung aktueller gesellschaftlicher Selbstbeschreibungen, in Rechnung zu stellen, dass Äußerungen von Akteuren, Positionen, semantische Formen und Interessen sich aus den jeweiligen Perspektiven und sozialen Lagen ergeben, aus denen sie stammen. Das Institutionenarrangement moderner Vergesellschaftung ist davon geprägt, gerade diese Gegensätze zu integrieren, indem sie als Differenzen abgebildet werden, indem also die Unterschiedlichkeit dieser Lagen institutionell abgebildet wird – man denke an Parlamente, an Tarifverhandlungen, an Gerichtsverfahren, an Betriebsräte, an Lobbyismus oder auch an die Beteiligung von Interessengruppen an Entscheidungen in Organisationen unterschiedlicher Provenienz. Auch der Repräsentationsgedanke, das heißt die Abbildung unterschiedlicher Milieus und Gruppen der Gesellschaft in entsprechenden Gremien gehört dazu, vielleicht sogar der Streit der Fakultäten in Universitäten.

Protest dagegen ist eine besondere Form der Bearbeitung solcher Differenzen. Protest hat stets mindestens einen Adressaten, und er nimmt Formen in Anspruch, die gerade nicht zu den genannten Formen der Konfliktbearbeitung und damit -minderung gehören. Protest verweist offensichtlich darauf, dass die sonstigen gesellschaftlichen Formen der eher leisen beziehungsweise erwartbaren Konfliktbearbeitungsroutinen gestört sind. Wer protestiert, macht auf eine Perspektive aufmerksam, die offensichtlich aus solchen Routinen herausfällt – was übrigens nicht bedeutet, dass Protest nicht auch zur Routine werden kann.

Proteste sind womöglich die sichtbarste Form von Kritik. Nicht jede Kritik ist Protest, aber Kritik wird dann zum Protest, wenn sie sichtbar wird, eben weil sie Routinen unterbricht und dadurch einen hohen Informationswert bekommt. Protest hebelt Erwartbarkeiten aus und zwingt das Gegenüber, sich zu ihm zu verhalten. Deshalb sind die meisten Protestformen nicht nur an den Gegenstand der Kritik gewandt, sondern ebenso an Dritte, womit die Demonstration nicht der einzige, aber der vielleicht sinnfälligste Ausdruck von Protest ist. Die Demonstration ist die klassische Form der Visibilisierung von Konflikten. Denkt man an die klassischen öffentlichen Konflikte der letzten Jahrzehnte, dann sind es oftmals Bilder von Demonstrationen, an denen sich Protestformen ablesen lassen. Nur auf den deutschen Fall bezogen: Die Protestklassiker der frühen Bundesrepublik sind – neben eher institutionalisierten Arbeitskämpfen – die Ostermärsche in den Zeiten der Wiederbewaffnung in den 1950er-Jahren, die vor allem studentischen Proteste in den späten 1960er-Jahren hin zu den Alternativbewegungen der 1970er-Jahre und der Anti-AKW-Bewegung. Dann die Friedensbewegung der 1980er-Jahre mit dem Höhepunkt der großen Kundgebung 1983 in Bonn, die zu einer der größten Demonstrationen in der Geschichte der Bundesrepublik gehört, zugleich rechtsradikale Protestformen in den 1990er-Jahren. Protest ist also keineswegs ein Privileg der klassischen sozialen Bewegungen, wie Friedens-, Frauen-, Ökologiebewegung etc., sondern kommt auch auf der ganz anderen Seite des politischen Spektrums vor. Die DDR ist aus vielen Gründen zugrunde gegangen, aber der sinnfälligste Ausdruck der Umwälzung waren die Montagsdemonstrationen in Leipzig und anderen Städten, an denen niemand vorbeisehen konnte. In den Nullerjahren waren es antikapitalistische Proteste aus Anlass von G-7- oder G-8-Treffen, aber auch die Proteste gegen die Banken während der Finanzkrise. *PEGIDA* und seine Derivate gehören auch zur Protestgeschichte der Bundesrepublik, genauso wie die großen Gegenproteste. Und derzeit schicken sich die Klimaproteste an, die Dimension der 68er-Proteste zu übersteigen.

Man kann die Geschichte der Bundesrepublik (und natürlich auch anderer Länder) als Protestgeschichte erzählen, weil sich in den Protesten die wesentlichen Konflikte öffentlicher Debatten materialisieren.[1] Protest ist ein Seismograf für Grundkonflikte, die sich nicht von selbst auflösen und nicht mit den üblichen Routinen bearbeiten lassen. Man denke an die Arabellion, die vor zehn Jahren begann, oder an die Proteste in Hongkong oder in Lateinamerika, um nur wenige zu nennen. Man kann daran eine der Funktionen von Protesten ablesen: Es geht nicht nur um die Adressierung eines Gegners oder um die Bearbeitung eines empfundenen Missstands, sondern auch darum, eine Form der Sichtbarkeit herzustellen, die vor allem politische Öffentlichkeiten adressiert.

Der protestantische Klassiker schlechthin ist der Protestantismus der Reformation.[2] Protestant zu sein, war eine Fremdzurechnung. Diejenigen, die *evangelisch* sein wollten, also die Praxis der Kirche an der Auslegung der Heiligen Schrift orientieren wollten, erschienen aus der Perspektive der katholischen Kirche als *Protestanten*, also als solche, die gegen die Praktiken der Kurie opponierten. Protestanten waren die Evangelischen zunächst tatsächlich aus der Perspektive des Adressaten von Kritik. Es geht hier nun nicht um den Protestantismus, sondern darum, die Form des Protests zu verstehen. Zunächst fällt an diesem historischen Beispiel auf, wie sehr Protest sich über den kritisierten Gegenstand definiert. Die Evangelischen sind eben nicht nur jene, die das Evangelium und seine Auslegung zur Richtschnur des eigenen Glaubenslebens machen wollten – *sola scriptura* –, sondern vor allem jene, die gegen die Praktiken der mächtigen Kirche angingen. Deutlich wird daran: Protest hängt stärker an seinem Gegenstand, als es zunächst den Anschein hat. Die definierende Größe ist das Gegenüber, *gegen* das der Protest sich richtet.

Dabei ist der Wortsinn ganz anders. Es ist nicht von *Contratest* die Rede. Das Verb *protestari* hat eine positive Konnotation.

Es bedeutet bezeugen, Zeugnis ablegen, für etwas stehen. Der Protestanlass freilich ist eine Opposition, lebt von einem Gegenüber, das offensichtlich dazu zwingt, Zeugnis abzulegen, für etwas zu stehen, weil die Strukturen des kritisierten Gegenstandes nicht ausreichen, um die eigenen Ziele zu erreichen. Protest wird immer dann wahrscheinlich, wenn der Protestierende seine Ziele nicht mit den Mitteln, die der kritisierte Gegenstand bereithält, erreichen kann. Wenn sich ein politisches Ziel nicht mit den Bordmitteln des parlamentarischen Verfahrens erreichen lässt, wenn eine Tarifverhandlung nicht innerhalb der Verhandlungen zwischen Arbeitgebern und Arbeitnehmern zu einem Ergebnis kommen kann, wenn ein Jugendlicher bei Eltern oder Lehrerinnen und Lehrern nicht mit Argumenten durchkommt, steigt die Wahrscheinlichkeit für Protest. Protest ist zwar im Wortsinne ein positives Zeugnis, aber Protestanlässe sind zunächst Negationen, Nein-Stellungnahmen, in diesem Sinne Formen, die sich gegen etwas wenden, was sich nicht aus sich selbst heraus ändert. Um der Form des Protests auf die Spur zu kommen, ist es sinnvoll, zunächst diese Bedeutung von Nein-Stellungnahmen in der Kommunikation genauer zu untersuchen. Darin wird nämlich deutlich, dass Protestpotenziale schon in der Struktur von Kommunikation angelegt sind.

Das Protestpotenzial von Kommunikation

Man kann wohl die Qualität von soziologischen Theorien daran bemessen, ob sie die Dynamik, die Operativität ihres Gegenstandes, die Verzeitlichung von Strukturen in den Blick nehmen können oder nicht. Die grundlegende Einsicht des soziologischen Denkens besteht darin, dass sich alle Strukturen, alles Feststehende, alle routinierte Dynamik, alles Erwartbare, alles Geschehen im Vollzug selbst ereignet. Wenn wir einen Prozess beobachten, etwa eine typische Handlungskoordination zwischen Rollenträgern, zum Beispiel ein Verkaufsgespräch in einem Geschäft, erscheint uns dies als ziemlich festgelegt und strukturiert. Solche Formen laufen immer wieder in sehr ähnlicher Form ab. Sie folgen Strukturen und Mustern, Regelmäßigkeiten und nicht zuletzt Routinen des Alltäglichen – und doch müssen sie stets praktisch wiederhergestellt werden. Soziale Strukturen kann man vor allem an Wiederholungen erkennen, also darin, wie sie sich durch immer neue, aber eben erwartbare und sich wiederholende Ereignisse selbst bestätigen. Es ist manchmal frappierend, wie regelgeleitet und musterhaft das Alltagsverhalten ist und wie unwahrscheinlich Abweichung in den meisten Situationen. Sieht man aber genau hin, sind Strukturen einerseits stabil, andererseits aber ebenso fragil, weil sie sich in jeder Gegenwart neu bewähren müssen, oder anders gewendet: stets negiert werden können. Soziale Ordnung ist genau genommen der Versuch, das Risiko der Abweichung zu minimieren und Systeme für sich selbst kalkulierbar zu machen, ja Kontingenz zu vernichten.[3] Alle Ordnung ringt um die Suspendierung ihrer selbst – gerade das macht sie zu einer Ordnung. Es ist nötig, das so abstrakt zu formulieren, um zu verstehen, dass Handlungs- und Kommunikationsprozesse stets mit der Handhabe von möglichen Ja- und Nein-Stellungnahmen zu tun haben. Ordnung ist die andere Seite der Kontingenz, die andere Seite der Beliebigkeit. Ordnung ist gewissermaßen an die Abweichung gebunden, wohlgemerkt: an den Versuch der Vermeidung von Abweichung. Ordnungen können immer auch anders sein, sonst wären sie keine – und sie sind stabiler, als wir oft denken, auch sonst wären sie keine.

Wer kommuniziert, setzt sich dem Risiko des Protests aus. Dieser sehr einfache, selbstverständlich übertrieben formulierte Satz hat es in sich, weil er den Protest bereits in die Struktur der Kommunikation einbaut. Kommunikation wäre keine, wenn sie nicht die grundlegende Möglichkeit der Negation in sich trüge. Es ist kein Zufall, dass die meisten Selbstbeschreibungen der gesellschaftlichen Moderne auf Kommunikation setzen. Wissenschaftliche Selbstbeschreibungen der Gesellschaft, gerade sozialwissenschaftliche, setzen auf symbolische Interaktion oder auf kommunikative Verständigung, auf selbstreferenzielle Kommunikationsprozesse oder Benennungspraktiken. Überall dort wird Kommunikation als Grundbegriff gebraucht. So unterschiedlich solcherlei Modelle sind, so ist ihnen doch gemein, dass sie auf die Organisation oder Bearbeitung von Alternativen, auf Widerspruch und Differenzen setzen.[4]

Kommunikationsprozesse, auch wenn man sie an Handlungsketten beobachtet, zeichnen sich dadurch aus, dass sie andere Verläufe nehmen können als man es erwarten würde. So würde man etwa das Nacheinander von Reaktionen von Kugeln auf einem Billardtisch nicht als Kommunikation auffassen. Wenn eine Kugel auf eine andere trifft und ihr einen kinetischen Impuls verleiht, kommunizieren die Kugeln nicht miteinander – weil sie keinen Handlungsspielraum haben. Eine Kugel könnte sich nicht weigern, sich in exakt dem Winkel zu bewegen, der durch den Aufprallwinkel der impulsgebenden Kugel bewirkt wird. Da sie nicht anders kann, würden wir der Kugel keinen Handlungsspielraum unterstellen und das Verhältnis der Kugeln nicht als ein Kommunikationsverhältnis auffassen. Erst dort, wo die Kugel auch anders könnte, wenn sie eine Wahl hätte, würden wir ihr erstens ihre Bewegung selbst zurechnen und das Verhältnis der Kugeln als ein Kommunikationsverhältnis auffassen.

Wir würden die ziemlich genau berechenbare Reaktion der Kugel auch nicht als ein Ja auffassen, nicht als Zustimmung. Sie kann schlicht nicht anders. Sie tut es nicht einmal. Es geschieht ihr. Es geschieht nicht einmal ihr. Es geschieht einfach. Die Kugel kann nicht zustimmen, nicht Ja sagen, weil sie nicht Nein sagen kann. Erst wenn das Risiko von Nein-Stellungnahmen vorliegt, kann man von Kommunikation sprechen. Kommunikation ist gewissermaßen das Management möglicher Nein-Stellungnahmen. Kommunikation ist das Management von Nicht-Kausalität in dem Sinne, dass wir alle kausalen Bewirkungsformen eben nicht Kommunikation nennen würden. Das Nein, nicht das Ja ist der positive Wert der Kommunikation, denn nur wenn in einer Ereigniskette das nächste Ereignis auch anders ausfallen könnte, kann man von Kommunikation sprechen.

Sozialtheorie und soziale Praxis auf diesem spezifischen Verständnis von Kommunikation aufzubauen, rechnet also systematisch mit der Möglichkeit der Nein-Stellungnahme: Wer auch immer die Instanz der Erwartung sein mag, sie könnte als Adressat auch Nein sagen oder zumindest anders reagieren als erwartet. Genau genommen ist in Kommunikationsprozessen die vollständige Erwartungserfüllung der voraussetzungsvollere Vorgang als die Abweichung von konkreter beziehungsweise festgelegter beziehungsweise kausalähnlich gebauter Erwartung. Der analytische Normalfall von Kommunikation ist die Abweichung, wie klein sie immer sein mag, oder wenigstens ihre Vermeidung, die mit der Abweichung rechnen muss. In newtonphysikalischen Räumen wie auf einem Billardtisch wäre das Gegenteil, die Abweichung, der erklärungsbedürftige Fall, der letztlich nicht auftritt.

Wer auf Kommunikation setzt, setzt auf den Umgang mit Abweichung. Einige Beispiele illustrieren das:

- Die Demokratie im politischen System setzt geradezu eine epidemische Form der Kommunikation in Gang, weil sie ja nicht einfach die Exekution irgendeiner Mehrheitsentscheidung ist, sondern einen Kommunikationskreislauf initiiert, in dem die Nein-Stellungnahme institutionalisiert wird. Selbst wenn eine Entscheidung kollektiv völlig unumstritten wäre, könnte der politische Prozess gar nicht anders, als hier auch noch so etwas wie Opposition, Widerspruch, neue Kommunikationsanlässe einzubauen, eben weil genau dies institutionalisiert ist und für die Legitimation wie die Legitimität einer Entscheidung unvermeidlich ist. Für manche Akteure in politischen Verfahren ist die Nein-Stellungnahme mit einer Art Notwendigkeit ausgestattet, denn der Widerspruch ist deren Existenzberechtigung.

- Rechtliche Verfahren verfahren ähnlich. Sie bringen Rede und Gegenrede in Gang, institutionalisieren Rederechte, Gehörzwang und ordnen Kommunikatoren in unterschiedlichen Rollen an. Der Klassiker ist in Seligsprechungsverfahren die Institution des *Advocatus Diaboli*, der dem *Advocatus Angelorum* oder dem Kirchenanwalt Paroli bieten muss, damit das Seligsprechungsverfahren Legitimität erhält.[5] In rechtsstaatlichen Verfahren sind dann später die antipodischen Rollen so verteilt, dass Nein-Stellungnahmen ins Verfahren als geradezu notwendig eingebaut werden müssen. Die Umsetzung von Rechtsregeln ist zugleich nicht die Eins-zu-eins-Übertragung von Vorschriften oder Gesetzen in eine gesellschaftliche Praxis, sondern letztlich ihre kommunikative Begleitung mit Entscheidungs- und Widerspruchskompetenz in Verfahrensform.
- Beide, Recht und demokratische Politik, ermutigen Sprecherinnen und Sprecher, sich als solche zu inszenieren. Sie gewöhnen ein Publikum daran, unerwartete Kommunika-

tionsbeiträge zu präsentieren und damit einen Informationswert zu erhalten. Fast nichts, wenigstens nicht die Demokratie selbst oder die Geltung des Rechts, kann dafür sorgen, was da kommuniziert wird, gerade weil kommunikative Anschlüsse und damit die Etablierung von Sprecherpositionen geradezu unvermeidlich werden. Selbst die Klage darüber, wer keine Stimme hat oder bekommt, muss kommuniziert werden und dementiert damit paradoxerweise, was sie behauptet.

- Massenmedien bilden nicht einfach die Welt ab, sondern überziehen die Gesellschaft mit einem Kommunikationsnetz, in dem es einen Unterschied macht, wer was wann wie zu wem und zu welchem Anlass sagt. Und einen Unterschied macht eher die Negation als die Affirmation. Besonders interessante Medienformate sind die, die nicht einfach simulieren, die Welt abzubilden (was sie selbstverständlich nicht können), sondern solche, die explizit das Kommunizieren von anderen kommunikativ abbilden. In Talkshows oder in Interviews, aber auch in Filmen und Dokumentationen sieht man anderen beim Kommunizieren zu – und einen Informationswert (die Währung des Mediensystems) hat das dann nur, wenn sich der eine Satz nicht notwendig aus dem anderen ergibt. Dass in den Medien meistens auch bestimmte Abweichungen erwartbar sind, variiert nur die besondere Funktion von Kommunikation.
- Mehr noch als in den klassischen Massenmedien wird Kommunikation im Internet, in sozialen Medien durch die Erwartbarkeit von Widerspruch, Differenz und Nein-Stellungnahmen geprägt. Diese entfesselte Form der Kommuni-

kation fast ohne die Gatekeeper-Funktion, die in klassischen Medien für Struktur und Selektivität sorgt, ist geradezu prädestiniert für das Nein, und zwar für ein Nein mit wenig Risiko, was die Überhitzung von Kommunikationsverläufen in sozialen Medien erklärt.

- Bildung etabliert sich zumeist als Einübung von Kommunikation. Gebildet ist, wer in der Lage ist, auf einen Satz entweder einen kompetenten oder richtigen Satz folgen zu lassen und/oder eine gepflegte Abweichung zu formulieren. Deshalb sind Bildungsprozesse in erster Linie Prozesse in Form von Kommunikationsproduktion – man muss sprechen und schreiben, fragen und antworten, anschließen und anschlussfähig sein. Und Bildungsprozesse erzeugen Kritikfähigkeit, Einübung in Widerspruch, Umgang mit Nein-Stellungnahmen. Und sie erzeugen korrigierende Nein-Stellungnahmen durch Lehrpersonal, gerne in roter Tinte.
- Wissenschaftliche Forschung findet die Wahrheit nicht einfach vor, sondern erzeugt wissenschaftlichen Fortschritt vor allem durch Widerspruch gegen vorherige Ergebnisse. In der Wissenschaft ist die Nein-Stellungnahme geradezu konstitutiv für die Herstellung neuen Wissens.
- Es etabliert sich in den Medien ein eigenes Kritikwesen, das Literatur, Kunst oder Musik unter die Lupe nimmt und Kritik gewissermaßen zivilisiert. Die Nein-Stellungnahme wird erwartet, denn niemals kann eine Kritik ohne Kritik, also ohne ein Nein auskommen, wenn sie einen Informationswert haben soll.

- Vielleicht ist die Leittechnik der vordigitalen Welt, der Buchdruck, das treffendste Beispiel dafür, wie sehr sich die Gesellschaft an Kommunikation gewöhnt hat. Sollte das Ziel des Buchdrucks tatsächlich je gewesen sein, für eindeutige Informationslagen zu sorgen, dann wäre dies kläglich gescheitert. Die Distribution der Heiligen Schrift (und dann auch noch in der Verkehrssprache der Gläubigen) jedenfalls hat nicht nur zu ihrer Kenntnis und Verbreitung beigetragen, sondern noch mehr die Wahrscheinlichkeit für Widerspruch erhöht. Aus der Verkündigung des Gotteswortes wurde Kommunikation dazu und darüber, wurden Anschlüsse mit dem Risiko der Nein-Stellungnahme. Überhaupt ist die Verbreitung der Schrift ein Generator dafür, dass Bedeutungen kontingent werden, und führt damit selbst wieder zu Anlässen für weitere Kommunikation. Dass man die Dinge unterschiedlich lesen kann, heißt ja nur, dass kommunikative Anschlüsse offen, kontingent, nicht eindeutig bestimmt sind.

Gerade am letztgenannten Beispiel ist zu erkennen, wie sich an der epidemischen Ausbreitung des Schriftlichen die Abweichungswahrscheinlichkeit von Kommunikation drastisch erhöht und es gewissermaßen zu einem Sondermedium für Nein-Stellungnahmen und Kritik wird. Der Widerspruch und die Abweichung sind vielleicht die drängendsten Schreibanlässe, denn bloße Wiederholung bietet für den Aufwand des Schreibens und Publizierens zu wenig Informationswert. Information selbst ist nichts anderes als Abweichung, etwas, das einen Unterschied macht, Erwartungen enttäuscht oder schlicht ein Nein in die Welt bringt, wo man zuvor mit unproblematischem Anschluss gerechnet hätte.

Übrigens ist das Konzept »Fortschritt« ein Korrelat solchen Abweichens von der Erwartung. Fortschritt ist eine Nein-Stellungnahme gegenüber dem Bestehenden. Fortschritt kann sich vorstellen, dass die Dinge nicht so bleiben, wie sie sind. Fortschritt ist Protest gegen das Bestehende.

Man kann Kommunikation also tatsächlich über das Nein erschließen, über die Möglichkeit der Negation. Was ist aber mit dem Ja? Das Ja hat es schwerer als das Nein, obwohl das Nein mehr begründen muss als das Ja. In einem Kommunikationsverlauf muss ein Ja im Sinne der Wiederholung oder Fortführung eines Pfades keine besondere Begründungslast auf sich nehmen. Nehmen wir an, jemand bittet mich darum, ihm etwas zu reichen, und ich es tue, mein Gegenüber gibt mir dieses Etwas wieder zurück und ich stelle es wieder an seinen Platz, dann sieht das aus wie die logische Abfolge einer Handlungskette. Alltägliche Handlungsformen sind voll davon. Unser Alltag lebt davon, dass wir nahtlos an die Handlungen und Kommunikationen von anderen anschließen und sich die Dinge auf diese Weise koordinieren. Wir kennen das als Arbeitsteilung, als Routine, als Gewohnheit, als das Selbstverständliche. Es sind allesamt Ja-Stellungnahmen zu dem, was läuft und erwartet wird – aber es gibt so gut wie keinen Anlass dazu, dies zu thematisieren, extra zu betonen oder anzusprechen. Der Ja-Anschluss ist der Normalfall, aber eben auch der langweiligere Fall. Er ist letztlich der blinde Fleck von Kommunikationsverläufen, weil man gar nicht mitsieht, wie voraussetzungsreich unser Handeln ist. Erst wenn es zu Abweichungen kommt, also zu einem Nein, wird die Handlungskette als Handlungskette, der Kommunikationsverlauf als Kommunikationsverlauf sichtbar – eben weil er unterbrochen wird.

Wer Ja sagt, muss nichts begründen – und doch ist gerade das Ja von einer erheblichen Kraftanstrengung abhängig. Man muss es sich so vorstellen: Nachdem Kommunikation tatsächlich stets unter dem Risiko von Nein-Stellungnahmen steht, braucht sie Strukturen, braucht sie Erwartbarkeiten, braucht sie Routinen. Soziale Ordnung ist, wie weiter vorne angedeutet, ziemlich stark davon abhängig, dass Kommunikationen sich an Erwartbarkeiten halten und Handlungen zueinanderpassen. Das Ja muss sich durchsetzen – aber fast unsichtbar. Wir nennen das Sozialisation oder Habitus oder Gewohnheit oder soziale Erwartbarkeit. Die Leute sollen wollen, was sie sollen – sie können nur so weit frei sein, als sie ihre Freiheit selbst zugunsten erwartbarer Formen einschränken. Wir verhalten uns musterhafter, regelmäßiger, als wir es uns zugestehen. All das sind Hinweise darauf, wie widerständig die Gesellschaft ist – auch um das Nein-Risiko zu minimieren. Gesellschaft ist damit limitierender und ermöglichender Faktor zugleich. Gesellschaft ist eine Form der Zivilisierung des Nein-Risikos – zum Teil mit hohen Kosten. Oft genug werden wir in Konventionen gezwungen, Anpassung an bestehende Verhältnisse gilt als Lernerfolg, und Wohlverhalten wird belohnt. All das minimiert das Nein-Risiko – oder zivilisiert es dadurch, dass das Nein letztlich in ein Ja umgedeutet wird.

Die soziologische Figur des *symbolisch generalisierten Kommunikationsmediums*, entwickelt von Talcott Parsons, weiterentwickelt in der soziologischen Systemtheorie, stellt auf diese Form der Auf-Dauer-Stellung von Ja-Stellungnahmen ab. Solche Medien »transformieren auf wunderbare Weise Nein-Wahrscheinlichkeiten in Ja-Wahrscheinlichkeiten«.[6] Solche Kommunikationsmedien sind Geld, Eigentum, Macht, Recht, Glaube oder auch wissenschaftliche Wahrheit. Geld etwa vereinfacht eine Ja-Stellungnahme zu einer ökonomischen Transaktion, und Eigentum scheint an den Dingen geradezu vorreflexiv zu kleben, ähnlich wie wir wissen, was ein Wahrheitsanspruch ist. Die Ja-Stellungnahme bezieht sich nicht darauf, wie viel Geld gezahlt wird, wessen Eigentum etwas ist oder was ein Wahrheitsanspruch behauptet. Aber diese Kommunikationsmedien generalisieren Anschlussfähigkeit an den Gebrauch der Medien selbst und können so Nein-Risiken durch Ja-Wahrscheinlichkeiten domestizieren. Sie machen Anschlüsse leichter, indem sie das Ja erleichtern.

Ein Beispiel: Wenn man sich zur Konfliktlösung auf ein rechtliches Verfahren einlässt, wird man in die Lage versetzt, Nein-Stellungnahmen einzubringen. Man kann gegen jemanden klagen, einen Einspruch formulieren, gegen die andere Partei reden usw. Aber all das setzt bereits ein Ja zum Verfahren und zum Medium des Rechts voraus. Die Gesellschaft rechnet mit Nein-Bedarf und erzeugt eine Struktur, innerhalb derer das Nein domestiziert wird, um Erwartungssicherheit herzustellen. Alle genannten Beispiele – von der Demokratie bis zu den Medien – haben gemeinsam, dass sie die Nein-Gefahr registrieren und durch das Auf-Dauer-Stellen, also durch Institutionalisierung des Umgangs mit dem Nein, für eine Domestizierung des Nein sorgen. Das Ja bleibt unsichtbarer als das Nein – eben weil es die Bedingung dafür ist, dass es zu Erwartungen kommt, mit denen gerechnet werden muss.

Kommunikation verweist also per se auf die Möglichkeit der Nein-Stellungnahme und muss deshalb zur eigenen Strukturierung Formen des Anschlusses, also das Ja einbauen. Es muss gewissermaßen dem Risiko des Nein institutionalisierte Formen der Verarbeitung und Bearbeitung von möglichen oder realisierten Nein-Stellungnahmen einbauen. Diese Institutionalisierungsfähigkeit freilich hat Grenzen – und hier ist der analytische Ausgangspunkt für die Form des Protestes zu suchen.

Die Institutionalisierung von Nein-Stellungnahmen und ihre Grenzen

Die angedeuteten Beispiele zeigen deutlich, dass das Epidemische der Kommunikation nicht gleichbedeutend mit Beliebigkeit oder Ordnungsverlust ist. Sie zeigen eher, dass eine kommunikativ entfesselte Gesellschaft die Nein-Stellungnahme zivilisieren, handhabbar machen, institutionalisieren muss. Demokratische Verfahren etwa ermöglichen die Gegenrede und begrenzen sie zugleich. Sie institutionalisieren sie in Form der Opposition, und sie entschärfen sie durch die Zeitstruktur des Verfahrens: Wenn entschieden wurde, wurde entschieden. Ähnliche Begrenzungen kennen, wie bereits angedeutet, alle anderen Bereiche der Gesellschaft auch. Diese Wechselseitigkeit von Ermöglichung und Strukturierung von Abweichung baut Erwartbarkeit in eine Gesellschaft ein, die Abweichung durchaus prämiert.

Es ist letztlich der grundlegende Ausgangspunkt allen soziologischen Denkens: Kommunikation ist immer Kommunikation innerhalb von Strukturen, von Erwartungsräumen, von Räumen höherer Wahrscheinlichkeit, exakt gesprochen: innerhalb von Systemen. Kommunikative Ereignisse sind Systemereignisse, das heißt strukturiert, Teile von Selektionsprozessen, nicht festgelegt, aber eben auch nicht beliebig. Man kann Kommunikation nur als einen Zusammenhang mehrerer kommunikativer Ereignisse verstehen. Sie wird durch den Anschluss definiert, also durch das nächste kommunikative Ereignis, dessen Selektivität eben den Raum des Möglichen, auch den Raum der Abweichung absteckt. Dieser Raum ist nicht im Vorhinein festgelegt, sondern ereignet sich im Geschehen selbst. Der Kommunikationsbegriff beinhaltet damit beides: die Offenheit der Anschlüsse und die Selektivität von Anschlussmöglichkeiten. Kommunikationssysteme ordnen also nicht nur die Ordnung, sondern auch die mögliche Unordnung.[7]

Diese lange Vorrede ist nötig, um nachzuvollziehen, was Kommunikationsformen auszeichnet, die explizit »Protest« genannt werden können. Ich möchte darunter im Folgenden das verstehen, was sich den Routinen der institutionalisierten Stellungnahmen entzieht. In Anlehnung an Niklas Luhmann formuliert zeichnet sich Protest dadurch aus, »daß die Teilnehmer zwar politischen Einfluß nehmen, *aber nicht auf normalen Wegen*«.[8] Das heißt keineswegs, dass Protest nicht erwartet werden kann. Mancher Protest ist so erwartbar und geradezu berechenbar, dass er selbst wie institutionalisiert wirkt oder durch entsprechende Anreize geradezu ausgelöst werden kann. Aber dass an etwas als Protest angeschlossen wird, ist davon abhängig, die klassischen Routinen institutionalisierter Nein-Stellungnahmen zu verlassen. Die Form des Protests, den ich hier analysiere, ist bewegungsförmiger Protest, sichtbarer, nach öffentlicher Aufmerksamkeit heischender Protest.

Wenn Protest also auf eine besondere Weise von Aufmerksamkeit und Sichtbarkeit abhängig ist, dann ist die ausgezeichnete Sozialform des Protests eben nicht die verfahrensförmige Affirmation gesellschaftlicher Routinen, sondern die Bewegung. Soziale Bewegungen setzen auf Sichtbarkeit, auf spontane Anschlussfähigkeit, zumeist relativ leicht formulierbare Parolen, Slogans oder Symbole. Und sie lassen sich nicht einfach institutionalisieren, weil sie ein ökologisches Umfeld brauchen, das zwar große Formen der Anschlussfähigkeit finden kann und muss, dafür aber eben auch einen Nerv treffen muss. Zumeist ist dieser Nerv davon geprägt, dass die Protestierenden nicht daran glauben, dass ihre Nein-Stellungnahme von den etablierten Routinen der Gesellschaft angemessen bearbeitet werden kann. Protestkommunikation ist eine Form, die so tut, *»als ob es von außen wäre«*[9], als ob sie die Gesellschaft von außerhalb der Gesellschaft adressiere. Genauer müsste man wohl sagen: von außerhalb der aus deren Perspektiven elitären oder korrupten oder wenigstens verblendeten, von falschen Interessen oder Unvermögen gezeichneten Institutionen. Protest geriert sich gern als der eigentliche Repräsentant der Gesellschaft, als Träger der eigentlichen Interessen der Betroffenen, des Volkes, der Allgemeinheit. Protest versteht sich als die angemessenere Form der Problemrepräsentation, was auch damit zu tun hat, dass Protestkommunikation nicht Lösungen, sondern anschlussfähige Problembeschreibungen erzeugen muss.

Alle Protestformen der jüngsten Zeit haben letztlich um diesen Grad der Angemessenheit gerungen. Man möge mich nicht falsch verstehen, wenn ich das an zwei sehr unterschiedlichen, diametral entgegengesetzten Bewegungen zeige, nämlich an den beiden erfolgreichsten Protestformen der vergangenen Jahre: *PEGIDA* und rechtspopulistische Protestformen auf der einen Seite, *Fridays for Future*, als vor allem von Jugendlichen und eher akademischen Bildungsschichten getragener Protest, auf der anderen. Schon diese beiden Formationen in einem Atemzug zu nennen, mag befremdlich erscheinen, aber ein Vergleich lohnt sich, wenn man die Struktur des Protests erklären will. Das sei vor allem deshalb erwähnt, weil man beim Versuch einer Funktionsbestimmung des Protests schnell auf die Idee kommen könnte, in ihm so etwas wie ein Warnsystem der Gesellschaft gegenüber ihren etablierten Formen zu entdecken. Protest wäre dann eine Form, der man durchaus eine gewisse Attraktivität zumisst, eine Attraktivität, die ihr die Regelverletzung verzeiht – eine Regelverletzung übrigens, die sogar auf rechtlichen Schutz setzen kann, wenn man Rechtsgüter gegeneinander abwägt. So wird das Recht auf freie Meinungsäußerung oder Versammlungsfreiheit oftmals höher bewertet als die Nötigung, jemanden an der Nutzung eines Verkehrsweges gehindert zu haben. Man kann darin schon sehen, dass Proteste tatsächlich gesellschaftlich prämiert werden, wobei es natürlich keinen gesellschaftlichen Konsens darüber gibt, welcher Protest nun legitim ist und welcher nicht. Gäbe es einen solchen, bedürfte es wahrscheinlich keiner Proteste.

An den beiden genannten Fällen oder Protesttypen kann man das sehr schön beobachten – und es geht hier nicht darum, sie inhaltlich zu vergleichen, um dann zu entscheiden, welcher von beiden eher prämiert werden sollte. Es geht darum, wie sich solcher Protest selbst am Leben hält, wie er sich auf sich selbst bezieht, wie er in der Lage ist, die eigenen Leute bei der Stange zu halten, wie er öffentliche Aufmerksamkeit erregen kann und wie er Permanenz herstellt – wahrscheinlich ist das Letztgenannte das größte operative Problem von Protestbewegungen.

PEGIDA vereint alle Elemente dessen, was Protest ausmacht, obwohl es, wie ich im *Kursbuch 184. Was macht die Kunst?* argumentiert habe, hässlich ist. Oder ist *PEGIDA* erfolgreich, weil es hässlich ist? Jedenfalls ist es gerade deshalb klassisch zu nennen, weil sein Erfolg exakt dort ansetzt, wo Protest stets ansetzt: *PEGIDA* zieht die klassischen Routinen der gesellschaftlichen Bearbeitung von Konflikten, von Nein-Stellungnahmen in Zweifel. *PEGIDA* an seinen Inhalten zu messen, ist nötig und nicht zuletzt beschämend, aber es hilft nichts, wenn man verstehen will, wie Protest funktioniert. Denn gerade hier kann man sehr deutlich beobachten, dass die inhaltliche Dimension für das Verständnis nachgerade von der Sache selbst ablenkt. Ich halte alle Ziele von *PEGIDA*, alle Inhalte und Argumente nicht nur für falsch, sondern sogar von einer ekelhaften Ignoranz. Aber sein Erfolg liegt vor allem darin, dass es ihm von Anfang an gelungen ist, seine außerparlamentarische Oppositionsform nicht einfach als inhaltliche Alternative zu präsentieren, sondern vor allem als eine grundlegende Kritik an den Routinen und der Struktur sowohl politischer Entscheidungsfindung als auch an Institutionen, die gewissermaßen fürs »System« stehen: letztlich alle Institutionen, in denen Eliten Entscheidungen treffen, das institutionelle Arrangement einer modernen Gesellschaft, auch Universitäten und andere Bildungseinrichtungen, aber auch Theater und sonstige Kulturinstitutionen. *PEGIDA* opponiert exakt gegen die Selbstverständlichkeiten und Erwartbarkeiten einer Gesellschaft, die in ihrem institutionellen Arrangement die Pluralität der Gesellschaft selbst einholt und dafür sorgt, dass der gesellschaftlichen Pluralität nicht mit einer staatlich-institutionellen Form der zentralistischen Vereinheitlichung begegnet wird, sondern einer Form, die die Differenz in die Institutionen hereinholt.

Ich spreche mit *PEGIDA* hier nicht nur den konkreten Dresdner Fall an. *PEGIDA* ist ein Platzhalter für rechtspopulistische Protestformen und -bewegungen.[10] Ich folge dabei dem in letzter Zeit von Jan-Werner Müller entwickelten Verständnis von Populismus. Müller definiert Populismus nicht als vereinfachende Ideologie, sondern als den Versuch, sich selbst als den einzigen und wahren Vertreter des Volkes zu beschreiben, was zur Folge hat, dass alle Gegner eben nicht mehr politische Gegner innerhalb eines abgesteckten politischen Spektrums sind, sondern letztlich nicht dazugehören.[11] Man findet solche Protestformen sowohl in Bewegungsform als auch personifiziert in Regierungsämtern – Donald Trump und Recep Tayyip Erdoğan wären Beispiele dafür –, selbst innerhalb der Europäischen Union lässt sich das etwa in Ungarn mit Viktor Orbán beobachten. Populistische Machthaber ähneln Bewegungen deshalb, weil sie einen der entscheidenden Mechanismen der Demokratie außer Kraft setzen wollen: die legitime Form, abgewählt werden zu können (wenn sie das auch nicht wirklich vermeiden können). Sie sind gewissermaßen zu Regierungsformen geronnene Nein-Stellungnahmen gegen die institutionelle Ordnung der Demokratie.

Protestförmige Weisen der Nein-Stellungnahme sind in erster Linie Formen, die daran scheitern, ihre Interessen, ihre inhaltlichen Zumutungen innerhalb der Routinen des institutionellen Gerüsts einer Gesellschaft zu platzieren. Sie neigen als soziale Bewegungen schnell dazu, nicht (nur) Inhalte anzugreifen, sondern das institutionelle Gerüst selbst, in Regierungsämtern neigen sie dazu, das institutionelle Gerüst von innen auszuhöhlen. Aus Kritik wird Systemkritik, aus inhaltlichen Geltungsansprüchen werden Zweifel an der Geltung der institutionellen Ordnung überhaupt. *PEGIDA* als Bewegung ist dafür insofern ein klassisches Beispiel, als es dieser Protestform tatsächlich gelingt, jegliche Gegenstrategie an sich abperlen zu lassen, weil alles, was außerhalb der eigenen Hemisphäre liegt, gerade durch seine kritische Haltung bestätigt, dass »das System« gegen sie arbeitet. Protest ist zumeist Protest gegen die Verhältnisse und deshalb in der Lage, ziemlich stabile Konfliktsysteme aufzubauen.[12]

Ein stabiler Konflikt zeichnet sich dadurch aus, dass sich innerhalb seiner selbst der positive und der negative Wert, man könnte sagen Pro und Kontra, wechselseitig stabilisieren. Wer nicht für mich ist, ist gegen mich. Es geht dabei nicht um die Differenz von Ansichten – das ist eine triviale und erwartbare Gemengelage. Es geht um die Opposition von Ansichten, darum, dass das andere, die Protesthaltung, das Gegenteil des Kritisierten ist. Solche Opposition kann jene Energie erzeugen, mithilfe derer es gelingen kann, eine soziale Bewegung, deren

Struktur eher instabil beziehungsweise flüchtig ist, wenig institutionalisiert und damit permanent unter der Gefahr der Selbstauflösung stehend, mit einiger zeitlichen Persistenz auszustatten. *PEGIDA* konnte nur überleben beziehungsweise persistieren, weil es mit der Flüchtlingskrise ein Thema gab, das die Bewegung mit einer ausreichenden Menge an Stabilisatoren ausgestattet hat. Das Thema konnte permanent mehr Informationen erzeugen, als es eigentlich hergegeben hätte. Alle möglichen Ereignisse, auch die eigene Unzufriedenheit, konnten auf dieses polemogene Thema bezogen werden. Es hatte das Potenzial der permanenten Erzeugung stabiler Oppositionen.

Protest protestiert also gegen die institutionalisierten Konfliktbearbeitungsformen der Gesellschaft. Er begehrt gegen die Affirmation der Kritik auf, womit er sich gar nicht so sehr an konkreten Inhalten orientieren muss, sondern letztlich ein Drittes jenseits der opponierenden Formen in Konfliktsystemen erzeugt. Gerade Protestformen wie *PEGIDA* zeigen dann deutlich, wie sehr äußerer Protest durchaus in der Lage sein kann, die klassischen Konfliktlinien zu entschärfen. Sieht man die AfD als den parlamentarischen Ast der außerparlamentarischen rechtspopulistischen und rechtsextremen Bewegungen, so erkennt man, dass eine Opposition zwischen den ohnehin schon opponierenden Parteien im politischen System auf der einen Seite und der AfD auf der anderen Seite entsteht, die somit als ausgeschlossene eingeschlossene Dritte fungiert. Es bleibt dann den früheren Antipoden in manchen Situationen kaum etwas anderes übrig, als sich gegen die Protestzumutungen zu solidarisieren und die eigenen Differenzen wenigstens zeitweise zu suspendieren. Manche Regierungsbildung in einigen Bundesländern ist dann dadurch geprägt, dass potenzielle Regierung und potenzielle Opposition auf der Seite der demokratischen Parteien und Fraktionen ihre Gegnerschaft aufgeben müssen, um nicht von der AfD gewählt zu werden. Das erzeugt dann einen erneuten Anlass für Protest. Hatte sich dieser zunächst auf die wenigstens verfahrensmäßig zivilisierte Form des Parlaments eingelassen, erlebt sie dort das, was sie zu einer Protestform gemacht hat: dass die »etablierten« Strukturen versagen. Es entsteht ein unauflösliches Dilemma, was auch dazu geführt hat, dass alle Erwartungen an eine Selbstzivilisierung der AfD im Parlament als nachträglich naiv erscheinen müssen. Die Radikalisierung der AfD *im* Parlament ist die Folge des Mechanismus, der sie ins Parlament gebracht hat: die Kritik des »Systems«, dem sie angeblich den Spiegel vorhält.

Der Coup der AfD im Februar 2020, die geradezu paralysierte Situation im Thüringer Landesparlament auszunutzen und mit einer ausgeklügelten Strategie einen Ministerpräsidentenkandidaten der FDP ins Amt zu wählen, zeigt sehr deutlich, wie es geht, das »System« durch Infiltration in die eigenen Institutionen zu destabilisieren – übrigens als Strategie von rechtsradikalen Beratern Björn Höckes längst vorher entworfen. Der Erfolg solcher Protestformen liegt darin, dass man ihnen nicht ausweichen kann, weil sie das Ganze infrage stellen und deshalb nicht durch die Konfliktroutinen absorbiert werden können. Erfolgreicher Protest ist in der Lage, die klassischen Unterscheidungen der Gesellschaft zu infizieren und herauszufordern – zu Gegenreaktionen oder hilflosen Formen der Affirmation.

Zweitgenanntes findet sich als Reaktion auf die Freitagsproteste der Klimabewegung. Diese Proteste nehmen ein Thema auf, das keineswegs neu ist. Die meisten Fakten sind seit den späten 1970er-Jahren auch einer breiten Öffentlichkeit bekannt oder wenigstens zugänglich gewesen – die Älteren erinnern sich vielleicht noch an den Psychiater und Wissenschaftsjournalisten Hoimar von Ditfurth, der im ZDF in der Sendung *Querschnitte* schon damals ziemlich genaue Prognosen über die Erderwärmung durch CO_2-Ausstoß öffentlich beschrieben hat. Es sind also nicht die Erkenntnisse selbst, die den Protesterfolg generiert haben, es ist die *Form* des Protests. Erst den Schülerprotesten ist es gelungen, die Instanzen der Gesellschaft zu adressieren, und zwar mit der relativ simplen Aufforderung, dass die Fakten auf dem Tisch lägen und nun gefälligst Konsequenzen zu ziehen seien. Zunächst waren die Klimaproteste keine Fundamentalopposition, haben aber schließlich auch »das System« adressiert, nämlich die Entscheidungsformen und Konfliktlagen einer Gesellschaft, die gerade mit dem Klimawandel überfordert ist. Das Durchschlagende dieses Protests besteht auch hier nicht in den Inhalten, denn diese sind letztlich bekannt. Die hinreichende Erfolgsbedingung ist die, dass dieser Protest den *Nervus Rerum* dieses Problems ziemlich genau trifft, nämlich die strukturell bedingte Überforderung der Gesellschaft.

Das Interessanteste an den Klimaprotesten, vor allem der jugendlichen Variante von *Fridays for Future*, könnte daran liegen, dass sie die Funktion von Protest transparent machen. Es ist eine Bewegung, die nicht als Feindbild taugt.[13] Sie schafft es sogar, den Mechanismus von Protest, wie ich ihn hier beschrieben habe, explizit zu machen (auch wenn das natürlich nur implizit erfolgt). Zwar wird auch die Semantik der Klimaproteste mit der Zeit schärfer – ein erwartbarer Befund, wie ich weiter unten, im Kapitel über die Steigerungslogik des Protests, noch zeigen werde. Aber dieser Protest adressiert zum Teil die zentralen Instanzen der Gesellschaft direkt: Wissenschaft und Parteien, Parlamente und Unternehmen. Es ist zwar eine Elitenkritik, aber die Eliten werden adressiert – vielleicht auch weil die Trägergruppe abends zum Teil mit den Eliten am Tisch sitzt. Das mag für die 68er-Generation auch gegolten haben, aber es war eine andere politische Kultur zu jener Zeit. Die Generationen dürften sich kulturell weniger nah gewesen sein, als das heute der Fall ist. Die Klimaproteste jedenfalls adressieren die gesellschaftlichen Instanzen direkt. Es ist keine Systemkritik, sondern die Kritik einer Lebensform. Vielleicht ist das viel radikaler als eine Systemkritik, die am Ende in einer Pose erstarrt, in der der Protest der Sinn des Protests ist. Das mag für Teile der Klimaproteste auch gelten, aber zum Großteil wird hier diese strukturelle Positionierung des Protests sichtbar.

Um es noch einmal deutlich zu sagen: Ich setze hier rechtspopulistischen Protest und etwa die Klimaproteste nicht gleich, es ist keine Hufeisentheorie des Protests. Ohnehin kann das, was man als Hufeisentheorie bezeichnet, nur für die extremsten Formen des Protests gelten – so unterscheiden sich die Menschenverachtung und der Zerstörungswillen etwa des RAF-Terrorismus nicht prinzipiell von rechtem Terror. Und gerade die sozialen Netzwerke machen sichtbar, wie sehr sich linker und rechter Protest in der Verachtung der Gegenwart ähneln können. In einem Bericht auf Twitter aus einem soziologischen Seminar etwa berichtet die Dozentin in einem Ton über die »verrottete Gegenwart«, der semantisch nicht weit von der AfD-Sprache entfernt ist.[14] Mitschnitte von Regionalkonferenzen oder Strategiemeetings mit der Basis etwa der Linkspartei können es manchmal bezüglich der Verachtung bestehender Institutionen ebenfalls mit rechter Propaganda aufnehmen. Ich bezeichne dies als »Sympathieparadox« der Linken. Ihre Ziele – Gerechtigkeit, Kampf gegen Armut, Gleichheit usw. – können verdecken, dass die Protestformen bei aller Legitimität der Forderungen durchaus extreme Formen annehmen können, das Sympathieparadox es aber nicht so sichtbar macht.[15]

Dennoch: Mein Argument sieht vollständig ab von irgendeiner inhaltlichen Bestimmung. Es geht mir hier zunächst nur um die Frage, wie protestierende Kommunikationsforen Anschlussfähigkeiten gewinnen. Meine Antwort: Wenn es gelingt, den Eindruck zu erwecken, dass institutionalisierte Nein-Stellungnahmen nicht genug Widerspruch und Kritik in gesellschaftlichen Instanzen etablieren können, wird die Kommunikationsform des Protests wahrscheinlicher. Protest ist eine Nein-Stellungnahme, die sich in den institutionalisierten Formen des Umgangs mit dem Nein nicht wiederfindet – und mutiert deshalb oftmals auch zu einem Nein gegenüber den Verfahren der Absorption beziehungsweise Berücksichtigung von Nein-Stellungnahmen im Institutionengerüst des Rechtsstaates, des politischen Systems oder auch anderer institutionalisierter Formen.

Das symmetrische Nein

Die bisherige These lautet: Protest ist eine Reaktion auf die begrenzte Institutionalisierungsfähigkeit von Konflikten. Es geht also um die Absorptionsfähigkeit von Nein-Stellungnahmen in den institutionalisierten Verfahren in Organisationen des Staates, der Wirtschaft, aber auch der Bildung oder des Rechts. Darüber hinaus hat die Frage der Bearbeitung des Nein-Potenzials von Kommunikation auch eine kulturelle Dimension, wenn man es so nennen will. Um es auf eine Formel zu bringen: Wenn es ein Signum der gegenwärtigen Kultur gibt, dann ist es ohne Zweifel die exponentielle Ausweitung von Sprecherpositionen. Vielleicht ist das im Bereich der Kunst und der Popkultur am frühesten zu besichtigen gewesen. Moderne Kunst hat sich dadurch ausgezeichnet, dass sie das Nein-Potenzial von Kommunikation so weit ausgereizt hat, dass es für die zeitgenössische Kunst immer schwieriger wurde, überhaupt noch Abweichungen zu finden, die als solche registriert werden können. Ob es um die Malerei, die bildende Kunst, die Musik oder die Literatur geht: Das 20. Jahrhundert hat Genres und Eindeutigkeiten aufgelöst oder zumindest infrage gestellt. Alle überkommenen Formen und ihre Formvorschriften wurden über den Haufen geworfen.

Es ist kein Zufall, dass dies ausgerechnet in der Kunst sichtbar wurde, weil die Funktion der Kunst gerade darin zu suchen ist, auf die Form selbst hinzuweisen, indem das Medium als Medium sichtbar wird.[16] Kunst verweist den Blick darauf, dass alles negiert werden kann – vielleicht ist Kunst selbst eine Form der Negation, weil sie stets den Alltagsblick, die herkömmliche Sehgewohnheit und die Erwartung an bestimmte Anschlüsse enttäuschen, negieren *muss*, um überhaupt unter Kunstverdacht zu geraten. Das geht so weit, dass Kunst im 20. Jahrhundert dies noch steigert, vielleicht sogar steigern muss, und den unverfälschten Alltagsgegenstand zum Kunstwerk erklärt, um in der Erwartbarkeit des »Normalen« auf die Unerwartbarkeit der künstlerischen Performanz hinzuweisen. Die Provokation, jeder sei ein Künstler (Joseph Beuys), oder die Provokation, einfach eine Suppendose unverfälscht abzubilden (Andy Warhol), lebt davon, dass hier die Nicht-Verfälschung zur vollständigen Verfälschung der Erwartung an die Kunst wird. Es ist das absolute Nein, weil es den Erwartungen in keiner Weise folgt – und ist damit Protest sowohl gegen Alltagsgewohnheiten als auch gegen den Kunstbetrieb selbst.

An der Kunst wird deutlich, was sich in der Gesellschaft zunehmend ereignet: Die eine legitime Form beziehungsweise ein klarer Kanon bestimmter Formen wird durch eine Vielfalt von Formen konterkariert, die immer mehr Möglichkeiten denkbar werden lassen. Was in der Kunst die Auflösung des Stils und der deutlichen Formvorschrift ist, ist in der allgemeinen gesellschaftlichen Kommunikation zunächst die Auflösung von Konventionen bis hin zur Etablierung von Sprecherpositionen, die es zuvor nicht gegeben hat. Denkt man an die sichtbarsten Auswirkungen der gesellschaftlichen Liberalisierungen der 1960er- und 1970er-Jahre, so waren dies zunächst sehr alltagsnahe Negationen von Erwartungen – man kann sich heute kaum mehr vorstellen, wie sehr Kleidungsstile, vor allem Frisuren, aber auch Kommunikationsstile zum alltäglichen familiären Battlefield um mögliche Nein-Stellungnahmen geworden sind. Was sich heute in einer fast universal gewordenen popkulturellen Form der Mixtur und Rekombination von Stilen und ästhetischen Referenzen zeigt und milieu-, vor allem aber generationsübergreifend geworden ist, war in den 1960er- und 1970er-Jahren eine alltägliche Form der Etablierung von Nein-Stellungnahmen im Alltag. Man hat das gerne als Individualisierung und Pluralisierung interpretiert,[17] vor allem ist es aber Ausdruck der kommunikativen Etablierung von Nein-Stellungnahmen zum Erwartbaren. Pluralisierung würde ja nur heißen, dass sich der Möglichkeitsraum erweitert hat. Pluralität wäre ein Nebeneinander von Unterschiedlichem – der soziale Sinn solcher pluraler Formen war aber in nicht unerheblichem Maße das Antipodische, eine Nein-Stellungnahme, die die Form eines Generationskonfliktes angenommen hat.

Es gehört wohl ohnehin zum bürgerlichen Konzept von Jugend, ein bestimmtes, freilich kontrolliertes Maß an Nein-Stellungnahmen zur gesellschaftlichen Norm zu pflegen.[18] Aber spätestens in den Jugendkulturen des späten 20. Jahrhunderts wurde dies zum konstituierenden Prinzip einer Lebensform, die sich mehr und mehr daran gewöhnt hat, mit Abweichungen und Nein-Stellungnahmen umzugehen. Wahrscheinlich kann man Modernisierungsprozesse ohnehin als Emanzipationsgeschichte von Sprecherinnen und Sprechern rekonstruieren,[19] was sich vor allem in der Alltagsrelevanz von sozialen Bewegungen gezeigt hat: Arbeiterbewegung, Bürgerrechtsbewegung, Frauenbewegung, Friedensbewegung, Umweltbewegung, Homosexuellenbewegung haben nicht zu großflächigen Massenprotesten oder gar Revolutionen geführt, sondern wurden letztlich von den inklusionsfördernden Potenzialen des Staates aufgenommen, also durch die Inklusion von Nein-Stellungnahmen in die Entscheidungsprozesse von Institutionen der Gesellschaft. Damit konnte den Bewegungen recht gegeben und unkontrollierbarer Protest zugleich unterminiert werden. Die Arbeiterbewegung findet sich als betriebliche Mitbestimmung wieder. Aus einem unversöhnlichen Feminismus wurden Frauenförderprogramme. Und Akteure der Friedensbewegung wurden später Befürworter von Militäreinsätzen mit UN-Mandat. Der Wohlfahrtsstaat westlichen Typs ist in der Lage, visionären Protest in die Form des Verwaltungsaktes zu bringen. Damit war womöglich die Protestgeneration der 1960er-Jahre selbst ein Produkt der Folgenlosigkeit von Massenprotest im Wohlfahrtsstaat bei gleichzeitiger Anerkennung seiner politisierbaren und erreichbaren Ziele.[20]

Doch auf alltagskultureller Ebene hat diese institutionelle Anerkennung von Protestforderungen letztlich zu einer Aufweichung des klassischen Jugendkonzepts als Moratorium oder Schonphase geführt und das, was man in der bürgerlichen Gesellschaft der »Jugend« zugerechnet hat, nun quasi universalisiert. Sollten Jugendliche gewissermaßen ausprobieren, was möglich ist, sollten sie sich an den Erwartbarkeiten abarbeiten, wohl wissend, dass diese Phase spätestens mit der Inklusion in die klassischen Institutionen des Arbeitslebens und der Familie vorbei sein würde, scheint sich diese Möglichkeit nun biografisch zu verändern. Das führt zu einer Multiplikation von Sagbarkeiten, die im Alltag tatsächlich als Nein-Stellungnahmen aufgefallen sind. Nicht von ungefähr suchen gegenwärtige Kulturkritiken semantisch nach »erwachsenen« Formen.[21] So richtig solche Diagnosen sind, so sehr verkennen sie womöglich, dass in der normativen Erwartung des »Erwachsenen« gerade jene Art der Kommunikation gemeint ist, der es gelungen ist, Nein-Stellungnahmen in institutionelle und verfahrensförmige Bahnen zu lenken. Exakt das scheint immer weniger zu gelingen.

Moderne Gesellschaften waren stets von einer gewissen Pluralität geprägt, vor allem im Hinblick auf die kulturelle Ausformung unterschiedlicher Milieus und Auffassungen. Neu war dagegen, dass es immer schwerer gelang, so etwas wie eine legitime Form der Selbstbeschreibung der gesellschaftlichen Realität zu gewährleisten. Die Idee des »Erwachsenen« meint exakt das – nach dem Moratorium des Jugendlichen kommt das Individuum in einer Gesellschaft an, deren Grundregeln relativ bekannt sind und in denen durchaus so etwas wie ein Normalmaß an Abweichung vorgesehen ist. Diese Form der bürgerlichen Eindeutigkeit scheint nicht mehr zu gelten. Nun kann man diese Geschichte durchaus als eine Verfallsgeschichte erzählen, lässt dabei aber womöglich die Bedingungen außer Acht, unter denen dies geschieht. Man kann sie auch feiern, verfehlt das Wesentliche damit aber auch. Es lohnt sich also, weiter auf der Spur dessen zu bleiben, was ich hier jenen kulturellen Trend zur Etablierung von Nein-Stellungnahmen nenne.

Zunächst kann man diagnostizieren: Es entstanden seit dem letzten Viertel des 20. Jahrhunderts Sprecherpositionen, die zuvor weniger legitim das Wort erheben konnten. Modernisierung kann als ein Emanzipations- oder Inklusionsprozess unterschiedlicher Gruppen der Gesellschaft angesehen werden: Der Untertan wird zum Bürger emanzipiert, Arbeiter und untere Schichten werden mit Gleichheitsrechten ausgestattet, Frauen werden gleichberechtigt, Behinderung, nichtheterosexuelle Lebensformen und alternative Lebensstile werden anerkannt, ästhetische Abweichung wird alltagstauglich, Kritikfähigkeit wird zum entscheidenden Erziehungsziel, die Individualität des Lebensentwurfs darf sich vor allem an sich selbst und weniger an ausgebauten Karrierepfaden orientieren usw.

Vor allem alternative Lebensstile der linksalternativen Szene, wie sie Ende der 1960er-Jahre im unmittelbaren Gefolge der Ereignisse um 1968 entstanden sind und ab den 1980er-Jahren eher abflauten, können als ganze Lebensformen in Form einer Nein-Stellungnahme gelesen werden.[22] Mit der Protestkultur des linksalternativen Lebens wird eine Inklusion alternativer Lebensformen in die Gesellschaft durch Exklusion ganzer Szenen aus erwartbaren Strukturen verfolgt. Es entstand ein Habitus, der das Leben selbst zu einer Art Protest, zu einer lebensweltlichen Nein-Stellungnahme gemacht hat. Studien gehen davon aus, dass in den 1970er-Jahren zehn bis–15 Prozent der Jugendlichen und jungen Erwachsenen in Deutschland diesem Alternativ- und Protestmilieu angehört haben.[23] Es geht also nicht um eine marginale Gruppe.

Die linksalternative Szene umfasste unterschiedliche Formen, etwa eine reichhaltige Alternativpresse, alternative Formen des Ökonomischen mit einem Schwerpunkt im Dienstleistungssektor (Gastronomie, Buchläden, Musik, Kunst, Weiterbildung etc.), alternative Wohn-, Lebens- und Erziehungsformen. Es war ein Experimentierfeld für die Gestaltung der eigenen Lebensform und gestaltete sich zum Teil als bewusste Exklusion aus »bürgerlichen« Lebensmodellen und als bewusstes Nein zum Etablierten. Der Historiker Sven Reichardt arbeitet in seiner Studie über diese Lebensform den Idealtypus eines »linksalternativen Habitus« mit folgenden wichtigsten Charakteristika heraus:

- »Politik in der ersten Person« und »Betroffenheit« als der erste Zugang zu den Problemen der Welt;
- »Wärme« der Vergemeinschaftung;
- Basisdemokratie, Hierarchiekritik, Bürokratiekritik;
- Technikskepsis/-kritik;
- Ganzheitlichkeit und Unverfälschtheit;
- ästhetische Expressivität.[24]

Reichardt weist auf einen merkwürdigen Widerspruch hin: »Und tatsächlich beabsichtigen die Mitglieder des linksalternativen Milieus von der Spontibewegung über die Frauen-, Ökologie- und Anti-AKW-Bewegung bis hin zu Hausbesetzern und Autonomen in den achtziger Jahren auf der einen Seite die bürgerlichen Wurzeln ihrer eigenen Existenz herauszureißen und sich selbst neu zu erfinden. Auf der anderen Seite wurden gerade sie zum Prototyp der neuen Bürgerlichkeit.«[25] Über diese Interpretation hinausgehend würde ich darin kaum einen Widerspruch sehen, steht vieles von dem, was die linksalternative Szene hervorgebracht hat, doch in der Tradition der unterschiedlichen Stränge der Bürgerlichkeit, zu der ihre romantische Selbstkritik stets auch gehörte. Diese Modelle waren zum Teil wirklich sehr extrem, weil sie einerseits eine Gesamtgestaltung des Lebens mit gleichzeitiger Aufhebung bürgerlicher Individualität zugunsten neuer Vergemeinschaftungen angestrengt haben. Sie waren aber andererseits zum Teil auch kompatibel mit den bürgerlichen Lebensformen einer ohnehin privilegierten akademisierten Mittelschicht, die biografisch, ökonomisch, bildungsmäßig und habituell zu experimentellen Formen in der Lage war.

So elitenkritisch sich diese Szene auch geriert haben mag, war sie am Ende doch ein Elitenphänomen – oder, wenn dieser Begriff womöglich zu extrem ist, ein Phänomen einer privilegierten Trägergruppe, die sich ans Reflektieren gewöhnt hat. Und das bedeutet auch: an die Kultivierung von Nein-Stellungnahmen und Protestformen. Reichardt schreibt: »Die Linksalternativen waren gut ausgebildete Wohlstandskinder, die in einer Gesellschaft medialer Selbstthematisierungen und soziokultureller Liberalisierungen erwachsen wurden.«[26] Und, so muss man hinzufügen: Nicht wenige von ihnen sitzen bis heute an Schaltstellen der Gesellschaft, zumindest in wissensrelevanten Bereichen wie Universitäten, Schulen, Redaktionen,

Parlamenten, Kanzleien, Praxen, Krankenhäusern, aber auch in Unternehmen. Die Grundlage war gewissermaßen eine individualistische Form, die sich vor allem in Opposition zu einer Normalität verstand, die aus der Perspektive des Protesthabitus einheitlicher und uniformer erschien, als sie es letztlich war.

Das erinnert stark an die Diagnose von Andreas Reckwitz: »Im Gegensatz zur Gesellschaft der Gleichen der industriellen Moderne nimmt die Spätmoderne mehr und mehr die Form einer *Gesellschaft der Singularitäten* an. Zugespitzt formuliert heißt dies: Während die industrielle Moderne in verschiedensten Bereichen auf der Reproduktion von Standards, von Normalität und Gleichförmigkeit basierte und man von einer ›Herrschaft des Allgemeinen‹ sprechen konnte, ist die spätmoderne Gesellschaft an der Verfertigung von Besonderheiten und Einzigartigkeiten, sie ist an der Prämierung von qualitativen Differenzen, Individualität, Partikularität und dem Außergewöhnlichen orientiert.«[27] Reckwitz bevorzugt den Begriff der *Singularität* und nicht den etablierten Begriff eines radikalen Individualismus oder einer zunehmenden Individualisierung, weil diese Sprechweise ihm »zu mehrdeutig und zugleich zu eng«[28] sei. Er meint eher die »sozialen Prozesse, in denen Nichtaustauschbarkeit, Unvergleichlichkeit und Superlative erwartet, fabriziert, positiv bewertet und erlebt werden«.[29]

Es sind einige Zweifel an dieser Deutung angezeigt. Abgesehen von der Frage, ob Reckwitz mit dem Hinweis auf die schwindende »Herrschaft der Allgemeinheit« wirklich richtigliegt – darauf komme ich am Ende dieses Kapitels zurück –, beschreibt er hier doch eher die Hegemonie eines bestimmten

Milieus, das womöglich in der Lage ist, den Diskurs zu bestimmen, was durchaus eine zutreffende Beobachtung für jene kreativen Milieus ist, in denen sich die kulturelle Rekombinationsfähigkeit von Bedeutungen, wie sie akademisch als Dekonstruktion von Zeichensystemen gelehrt wird, zu einer Lebensform amalgamiert. Es ist ähnlich dem, was Luc Boltanski und Ève Chiapello als die ästhetische Kritik des Kapitalismus eingeführt haben.[30] Es sieht hier so aus, als gehe es um eine neue hegemoniale Beschreibung der Gesellschaft – von der Industriegesellschaft zur postindustriellen Gesellschaft einer ästhetisierten oder kulturalisierten Lebensform.

Meines Erachtens ist Reckwitz' Beschreibung aber eher eine Reflexionstheorie eines bestimmten Milieus,[31] keineswegs eine theoretische Beschreibung einer gesellschaftsstrukturellen Veränderung. Eine solche, mehr strukturelle, Veränderung habe ich im Blick, wenn ich die Ausweitung von Nein-Stellungnahmen beobachte. Es geht bei dieser kultursoziologischen Beobachtung nicht primär um konkrete Inhalte, sondern darum, dass die gegenwärtige Gesellschaft zumindest in unserer Hemisphäre immer weniger institutionelle Bedingungen kennt, Nein-Stellungnahmen einzuschränken. Da geht es weniger um Singularitäten und Unverwechselbarkeiten, sondern eher um so etwas wie Sichtbarkeiten und Symmetrisierungen – auch mit Milieus, die eben ganz anders strukturiert sind als Reckwitz' ästhetische Klasse. Wenn man unter der Analyse einer Gesellschaftsstruktur die Analyse von Anschlussfähigkeit versteht, wie also die unterschiedlichen gesellschaftlichen Kommunikationsräume und -formen aneinander anknüpfen, verfehlt man wohl das Ziel, wenn man die Gesellschaft nur aus einem Milieu heraus beschreibt. Eine gesellschaftsstrukturelle Analyse wird also entweder in der Sachdimension zu analysieren haben, wie sich die unterschiedlichen Funktionen der Gesellschaft – Politik und Ökonomie, Wissenschaft und Religion, Recht und Bildung, Medien und Kunst – zueinander verhalten. Dies wäre eine Perspektive funktionaler Differenzierung, worauf ich vor allem am Ende des Buches zurückkomme. Oder sie wird in der Sozialdimension Klassen- oder Milieuanalyse sein, Bedingungen und Formen sozialer Ungleichheit beleuchten.[32] Oder sie wird kultursoziologisch darauf aufmerksam machen müssen, wie unterschiedliche Sprechweisen aufeinander Bezug nehmen. Kultursoziologisch wird man die Frage stellen müssen, wer wozu sprechen kann und darf und wer von wem gehört wird. Exakt darum soll es im Folgenden gehen: um Sichtbarkeiten, Symmetrien und Asymmetrien.

Am besten erkennt man es vielleicht am Wandel des Status von Migranten: Migration ist ein gesellschaftsuniversales Phänomen, und betrachtet man allein die unterschiedlichen europäischen Länder, so liegen sehr verschiedene Migrationserfahrungen vor. Länder mit einer Kolonialgeschichte bis in die frühe zweite Hälfte des 20. Jahrhunderts wie Frankreich, die Niederlande, Belgien oder Großbritannien haben andere Erfahrungen als etwa osteuropäische Länder, die unter kommunistischer Herrschaft kaum Erfahrungen mit kultureller Differenz gemacht haben. Wiederum anders verhält es sich in klassischen Einwanderungsländern wie USA, Kanada oder Australien. Die Bundesrepublik hat über Jahrzehnte kaum bemerkt, dass es in ihr migrantische Realitäten gab, obwohl sie – abgesehen von der Migration Deutschstämmiger aus den ehemaligen ostdeutschen Siedlungsgebieten – seit den späten 1950er-Jahren eine deutliche Einwanderungsgeschichte hat. Diese wurde aber kaum wahr- oder ernstgenommen, allenfalls als vorübergehende Störung. Migranten waren da, aber keine hörbaren Sprecher.

Das hat sich geändert – und je besser Migrantinnen und Migranten in die Institutionen der Gesellschaft integriert wurden, desto sichtbarer wurden sie – desto größer wurden erstaunlicherweise auch die Konflikte. Aladin El-Mafaalani hat dieses Phänomen sehr treffend als »Integrationsparadox« bezeichnet. Die Paradoxie sieht er darin, dass sich in dem Moment, in dem sich Migranten und ihre Nachkommen mehr und mehr auf Augenhöhe mit den Autochthonen bewegen, die Heftigkeit von Konflikten erhöht. Er benutzt dafür die Metapher des Tisches:[33] Solange Migranten nur in der Ecke stünden, wären sie nicht einmal nicht satisfaktionsfähig. Erst in dem Moment, in dem sie mit am Tisch sitzen, werden sie zu ebenbürtigen Sprechern, die nun das volle Potenzial an Kommunikation abrufen können. Sie sind erst dann zu Nein-Stellungnahmen in der Lage. Ihre Existenz und ihre nun sichtbare Abweichung von bestimmten Normen oder Erwartungen werden nun erst als (legitime) Nein-Stellungnahme gewertet. Das sichtbarste Beispiel: Das Kopftuch auf dem Kopf einer Reinigungskraft bleibt unsichtbar und hat letztlich keine Negationspotenziale, sondern kann sogar ignoriert, also nicht einmal negiert werden. Das Kopftuch auf dem Kopf einer Studentin, einer Lehrerin oder einer Richterin dagegen kann nicht so einfach ignoriert werden, sondern wird selbst als Negation von Erwartungen angesehen, also als Nein-Stellungnahme – ganz unabhängig davon, was damit *gemeint* ist. Aladin El-Mafaalani geht so weit, daraus den Schluss zu ziehen, das höhere Konfliktpotenzial des Migrationsthemas deshalb als ein Zeichen verbesserter Integration zu werten.

Wirkt diese These auf den ersten Blick vielleicht überraschend, so vermag sie doch zu überzeugen. Kommunikation schafft tatsächlich dadurch Verbindungen, dass sie Nein-Potenziale hat und also widersprechen kann und damit Differenzen einholt. Vorgestellte Einigkeit gibt es nur dort, wo es kaum zu Kommunikation kommt – wo kommuniziert wird, steigt erst das Risiko der Gegenrede. Wahrscheinlich lässt sich die Funktion von Kommunikation nur so erklären, dass sie sich erst lohnt, wenn wenigstens die Erwartung bestehen kann, dass ein kommunikativer Akt dem vorherigen widersprechen kann. Das kann er freilich erst, wenn Kommunikationsteilnehmer die Chance und die Möglichkeit solchen Widerspruchs haben, der, wie ich oben dargestellt habe, von den Institutionen einer modernen Gesellschaft aufgesogen und bearbeitet, zivilisiert und zum Teil auch unmöglich gemacht wird.

Die institutionelle Seite dieses Vorgangs hat viel mit den normalisierenden Routinen der Gesellschaft zu tun – die kulturelle Seite dieses Vorgangs lässt sich nicht in derselben Weise institutionalisieren. Modernisierungsprozesse sind deshalb Prozesse der Symmetrisierung von Kommunikationsbedingungen. Die Multiplikation von Sprecherpositionen weist darauf hin, dass Alltagskultur nicht mehr auf die wenigen legitimen

Positionen beschränkt werden kann, die als sagbare Kultur und allgemeine Sittlichkeit galten. Vielmehr emanzipieren sich Sprecher nun in einer Weise, die dazu führt, dass die Wahrscheinlichkeit von Nein-Stellungnahmen steigt und »Kritik« zum Fetisch des Weltverhältnisses wird. Gemeint ist nicht Kritik im Sinne einer argumentativen Stellungnahme gegenüber Geltungsansprüchen, sondern vor allem die Multiplikation von Perspektiven, die gerade jenen gemeinsamen Boden einer argumentativen Auseinandersetzung fast unmöglich machen.

Jürgen Habermas hat in seiner *Theorie des kommunikativen Handelns* darauf hingewiesen, welche hohen Voraussetzungen eine Theorie braucht, die die gesellschaftliche Handlungskoordination an Kommunikation und ihre argumentativen Potenziale bindet. Es bedarf dafür sowohl einer vorkonsentierten Lebenswelt als auch eines Grundeinverständnisses über die Bedingungen eines Diskurses, die Habermas wohl deshalb vernünftig oder rational nennt, weil diese Begriffe gewissermaßen auf überindividuelle, in diesem Sinne universalistische Kategorien setzen. Der begriffstechnische Sinn einer auf Kommunikation basierenden Theorie des Gemeinsamen muss also das Negationspotenzial der Kommunikation bändigen – weswegen Habermas nicht umsonst auf Verfahrensfragen setzt, die sich auch in den lebensweltlichen Formen des gesellschaftlichen Lebens durchsetzen müssten, wenn dies gelingen soll.[34]

Der Rekurs auf Verfahrensfragen erinnert wenigstens begriffstechnisch an die Absorptionspotenziale, die Nein-Stellungnahmen in der Bearbeitung im Institutionenarrangement moderner Gesellschaften erfahren. Der lebensweltliche oder treffender kulturelle Aspekt bleibt dabei ziemlich unterbelichtet, denn obwohl es eine Theorie des kommunikativen Handelns ist, unterschätzt sie womöglich gerade die differenzerzeugenden Potenziale entfesselter Kommunikation, in der der alte Traum, dass alle alles sagen können, sich nahezu verwirklicht hat. Wenn aber alles sagbar wird, steigert sich die stets drohende Nein-Stellungnahme zu einem permanenten Anspruch auf einen Gegen-Satz. Es geht dann nicht mehr um die Einschränkung von Argumenten durch ihre geltungsbezogene Rationalität, so die Utopie von Habermas, sondern um das ethische Recht auf Gehör.

Damit wird jede Frage zu einer ethischen Frage. Diese Formulierung verdanke ich Irmhild Saake, die darauf hingewiesen hat, dass im Kommunikationsstil der gegenwärtigen Kultur Gleichheits- und Symmetrieansprüche so stark werden, dass es die Sprecherposition selbst wird, die zum entscheidenden Informationsträger wird.[35] Die Inszenierung authentischer Betroffenheit wird damit zur Erkenntnisgrundlage schlechthin, wobei sich der Kommunikationsstil von marginalisierten Gruppen, die um Anerkennung und Sichtbarkeit in öffentlichen Debatten ringen, zum allgemein erwartbaren Kommunikationsstil mit hohem Alltagsrisiko von Nein-Stellungnahmen geriert.[36]

»Alles wird ethisch«, lautet Irmhild Saakes Formel für diese Diagnose. Sie beschreibt es am zunächst harmlosen Beispiel der Geschlechterdifferenz: »Wir schauen uns die im Moment neu entstandene Symmetrie glücklich an, diskutieren aber nicht mehr. Wir reden in genau dem Moment nicht mehr darüber, dass wir uns wundern, wie stabil sich die Form der Zweigeschlechtlichkeit in unserem Alltag niederlässt, wie festgelegt dann doch vieles in unserem Leben ist, weil wir unterschiedliche Körper haben. Die Asymmetrie ist hässlich, sie erzeugt keinen Bedarf für Diskussionen, sie will sofort aus der Welt geschafft werden, und dabei müsste man doch genau darüber reden.«[37]

Da aber exakt das nicht gelingt, erhöht sich die Erfahrung von Nein-Stellungnahmen in der Kommunikation. Der kultursoziologische Befund lautet also: Die Zahl der Sprecher erhöht sich, die Möglichkeit von Geltungsansprüchen wird wahrscheinlicher, die Chance auf Gehör wächst – aber damit sinkt die Verständigungswahrscheinlichkeit. Was El-Mafaalani am Beispiel des Integrationsparadoxes beschreibt, lässt sich erweitern: Es gibt ein Symmetrieparadox. Je symmetrischer Personen kommunizieren können, desto deutlicher werden Asymmetrien erlebt und desto lauter werden Ansprüche auf eigene Identitäten und identitäre Selbstbehauptungen.

Nein, nun folgt keine Kritik an Identitätspolitik, von welcher Seite auch immer, oder eine Kritik an der sogenannten *Political Correctness*. Worum es mir geht, ist die durchaus richtige Diagnose, dass in der gegenwärtigen Moderne tatsächlich eher Identitätsfragen im Vordergrund stehen und weniger die Konflikte der klassischen Industriegesellschaft. Am prägnantesten bringt es Francis Fukuyama auf den Begriff: »The left has focused less on broad economic equality and more on promoting the interests of a wide variety of groups perceived as being marginalized – blacks, immigrants, women, Hispanics, the LGBT community, refugees, and the like. The right, meanwhile, is redefining itself as a collection of patriots who seek to protect traditional national identity, an identity that is often explicitly connected to race, ethnicity, or religion.«[38] So treffend Fukuyamas Beschreibung ist, so wenig kann seine daran anschließende Forderung überzeugen, diese unterschiedlichen Sprecherpositionen – gewissermaßen hegelianisch – in der politischen Vorstellung einer nationalen Idee aufzuheben, die als Bedingung eines demokratischen Ausgleichs zwischen den unterschiedlichen Geltungsansprüchen gilt. So logisch das auch immer gedacht ist, negiert es den empirischen Befund. Denn es ist ja gerade die Erfahrung der Emanzipation von Sprecherperspektiven, die zu jener die Gesellschaft offensichtlich überfordernden Erfahrung führt, dass sich so etwas wie ein allgemein geteiltes Normalmodell von kommunikativen Anschlüssen nicht mehr so einfach denken lässt.

Es gilt als strittig, den Grund für diese Überforderung angemessen zu verorten: Sind es die Veränderungen von Produktionsbedingungen nach der klassischen Industriegesellschaft, die klassische Lebensformen verunsichern? Sind es übertriebene Emanzipationsansprüche einer urbanen Mittelschicht, deren Identitätsforderungen traditionelle Milieus überfordern? Ist es die Rückständigkeit eher lokaler Milieus oder gar die Reminiszenz an schwächer geglaubte Ressentiments, die den Gegenpart dazu bilden? Solche Fragen sind Teil eines Kulturkampfes, der auch wissenschaftlich, besser: akademisch ausgetragen wird, aber auch das Parteiensystem westlicher Demokratien durcheinandergewirbelt hat. Dass (im deutschen Fall) derzeit vor allem die Grünen und die AfD die Nutznießer des Strukturwandels von Parteien sind, ist kein Zufall, und dass sich innerhalb der noch stärksten politischen Kraft, der Union nämlich, jener Kampf zwischen eher pluralistischen und eher konservativen Angeboten die Waage hält, ist ebenfalls kein Zufall, von der Krise der Sozialdemokratie ganz zu schweigen, der nicht einmal semantisch ein Rüstzeug zur Verfügung steht, sich den neuen Konfliktlinien anzupassen.

Was derzeit als Identitätspolitik kritisiert wird, ist, ganz im Sinne des Integrationsparadoxes von El-Mafaalani, Folge eines alten, lange nicht eingelösten Versprechens der Moderne: des Gleichheitsversprechens, dass alle gehört werden können und müssen. Vielleicht wird erst in der heute als Überforderung erlebten Situation deutlich, welche Energie die klassische bürgerliche und Industriegesellschaft aufbringen musste, um Nein-Stellungnahmen und damit das Protestpotenzial der Gesellschaft zu bändigen. Die Moderne brachte mehr Unbestimmtheit in die Welt – und reagierte darauf zum Teil mit der Etablierung von allgemeinen Normen und normativen Institutionenarrangements. Der Philosoph Gerhard Gamm spricht in diesem Zusammenhang von einem reziproken Steigerungsverhältnis von Bestimmtheit und Unbestimmtheit in der modernen Kultur.[39] Bestimmtheit hat sich vor allem in Normallebensläufen, in normierten Bildungs- und Karrieremodellen, in klaren Geschlechtsrollen, auch in der Anordnung von Schichten und Milieus in der Gesellschaft und klaren Distinktionsregeln, in der Etablierung eines legitimen Geschmacks und einer definierten Hochkultur, in der Definition eines literarischen Kanons, auch in der Definition von Sexualnormen, ästhetischen Urteilen usw.

niedergeschlagen. Die moderne, funktional differenzierte Gesellschaft hat einerseits zu einer enormen Entfesselung und Optionssteigerung in ihren ökonomischen, wissenschaftlichen, politischen, künstlerischen, rechtlichen, technischen und institutionellen Leistungsbereichen geführt, andererseits aber die relative Unbestimmtheit von Inklusionslagen von Menschen durch eine starke Normierung von Lebensformen kompensiert.

Wir können heute sehen, wie energieaufwendig dieses sehr leistungsfähige Modell der Bändigung war und welche Kosten es durchaus verursacht hat, vor allem Kosten durch die kunstvolle Vermeidung von unangemessenen Nein-Stellungnahmen. Man kann es sehr schön am bürgerlichen Freiheitsideal verdeutlichen, das durchaus etwas damit zu tun hat, dass Freiheit nur dann möglich ist, wenn sie mit Selbsteinschränkung gepaart wird. Wollen und Sollen müssen harmonisiert werden – und das war stets ein Konflikt, der mit der Disziplinierung des Selbst und der Selbstkontrolle des individuellen Handelns und Entscheidens zu tun hat. Dass heute die Diagnosen einer Selbstkontrollgesellschaft oder Aktivgesellschaft und die Kritik an Selbstoptimierung, die dann gerne neoliberal genannt wird, zu den Lieblingsdiagnosen einer kulturlinken Sozialwissenschaft gehören,[40] verweist nur darauf, wie unsichtbar der Energieaufwand des klassischen Institutionenarrangements der Moderne war. Der Zwang zur Selbstoptimierung korrespondiert mit der Entlassung von Sprecherpositionen aus klar definierten Eindeutigkeiten.

Die identitätspolitischen Ansprüche von partikularen Gruppen in der Gesellschaft sind letztlich nur die andere Seite jener viel kritisierten »Subjektivierungen«, die nichts anderes sind als die Erfüllung jenes altbekannten Versprechens, dass es auf den einzelnen Sprecher ankommt, der nun in die Lage versetzt wird, sprechen zu können – und zu müssen, worin sich seine Überforderung manifestiert. Es ist eindeutig ein Zivilisationsfortschritt, dass sich zuvor marginalisierte Gruppen – Frauen und Schwarze, Behinderte und Nicht-Heterosexuelle, ethnisch andere usw. – Gehör verschaffen können.

Das Feld der angemessenen Sprechweise aber ist vermintes Gelände, weil man hier auch mit einer analytischen Einstellung mitten in den Kulturkampf hineingeraten kann. Ich wiederhole deshalb ein Argument, das ich bereits im *Kursbuch 191* in einem Beitrag über die *Political Correctness* vorgetragen habe, und zwar mithilfe eines Berichts von Slavoj Žižek über die »Vancouver Pride Parade«.[41] Žižek weist hier einerseits auf die ironiefreie Ernsthaftigkeit der Einhaltung von Sprachregeln hin. Andererseits scheitert er gerade an der Forderung nach ironischer Brechung und überbietet den Gegenstand seiner Kritik sogar. Die Parade hinterließ bei Žižek

> »(und auch vielen LGBT-Mitgliedern) einen bitteren Nachgeschmack. Hier waren mehrheitlich gut ausgebildete weiße, privilegierte Frauen und Männer unterwegs, die über hohen sozialen Status verfügen. Die Parade erinnerte mich an so viele ähnliche Aufmärsche, die ich in meiner Jugend im kommunistischen Jugoslawien miterlebte. Paraden zum Tag der Arbeit, an dem unterschiedliche Kollektive ihre ›Einheit in Vielfalt‹ feierten, alle unter dem gemeinsamen

Schirm der herrschenden Ideologie (Bruderschaft und Einheit aller Nationen im selbstregierten und blockfreien sozialistischen Jugoslawien).

Sogar die subtile Langweile und die bürokratische Sprache der TV-Kommentatoren von Vancouver mit ihrer politisch korrekten Vorhersehbarkeit (sie waren stets sorgsam darauf bedacht, den ideologischen Schirm der Parade als LGBTQIA+ zu bezeichnen) erinnerten mich an den Jargon der Kommunisten, bei dem jegliche Form von Ironisierung unter Androhung von Strafe verboten war. Alle haben sich an die offizielle Sprachregelung zu halten, alle haben das angeblich subversive Potenzial alternativer, in Wahrheit jedoch privilegierter Lebensentwürfe zu loben und zu preisen.

Wie damals verwandelte sich das ganze Spektakel vor meinen Augen in eine Art Farce. Am Ende wirkt der offizielle Sprachgebrauch selbst wie sein eigener ironischer Kommentar. Zensurierter Ernst schlägt um in unfreiwillige Komik – und geschieht nicht genau dies notwendigerweise mit der Political Correctness? Sie beansprucht mit den besten Absichten, niemanden zu verletzen, produziert aber neue Ausgeschlossene und etabliert eine neue Norm – bloß darf dies niemand mehr sagen, weil er dadurch die schöne neue Herrschaftsharmonie störte.«[42]

Hier spricht kein konservativer Kritiker, der gewissermaßen natürliche Sprachverhältnisse wiederherstellen will, sondern jemand, der zwar das Ironiefreie beklagt, aber seinerseits die Sache noch ernster nimmt als die Protagonisten selbst. Denn seine Quintessenz lautet, dass diejenigen, die sich als queere Außenseiter gerieren und der bürgerlichen Gesellschaft den queeren Spiegel vorhalten und ihre Ausgrenzung bekämpfen, ihrerseits ausgrenzen. Im Blick hat Žižek etwa muslimische queere Gruppen, aber wohl auch jene Unterprivilegierten, die aus den weniger bildungsnahen und akademisch gestärkten Gruppen der Gesellschaft stammen. Letztlich bleibt diese Kritik in der Logik der *Political Correctness*, stößt dann aber eben nur auf weitere Unterprivilegierungen, auf die man kommen kann. Was auf den ersten Blick wie ein Frontalangriff auf die queere Community aussieht, ist das Gegenteil. Es ist eher – ob gegen die Intention des Autors, wird nicht recht deutlich – ein Verstärker der Sache und damit symptomatisch für die gesamte Szene: Am Ende wird sich immer noch jemand finden, der mit größerem Recht und größerer Tiefenschärfe nicht berücksichtigt und damit unsichtbar gemacht wurde.

Das sei ohne Polemik und völlig arglos formuliert. Was man von dieser Einlassung von Žižek lernen kann, ist das Fehlen einer Stoppregel für Nein-Stellungnahmen, die ich hier zu zeigen versuche. Das Argument taugt nicht dazu, die neuen Benennungspraktiken und ihre Regeln zu kritisieren – man sollte damit auch vorsichtig sein, denn sie als bloße Verbote oder Gängelung abzutun, muss man sich leisten können. Wer wirklich potenzielles oder tatsächliches Opfer von Diskriminierung ist, wird darüber anders urteilen als andere. Aber darum geht es gar nicht. Es geht darum, dass dieser Prozess der Negation von Benennungen beziehungsweise die Forderung nach weiteren Differenzierungen, schon aus logischen Gründen, kaum zu stoppen ist. Deshalb wird solche Alltagskommunikation fast automatisch gesteigert, bis man sie sogar institutionell erzwingen kann oder will. Die Forderung nach Redefreiheit[43] eint dann die unterschiedlichen Lager, auch wenn sie ganz Unterschiedliches damit meinen.

Logisch, dass nun auch die andere Seite, diejenigen, die stets eine Stimme hatten oder wenigstens dem »Normalmodell« der klassischen Institutionenarrangements entsprechen, selbst sprechen – müssen. Das ist jene Voraussetzung für eine Empörungsbereitschaft auf allen Seiten, die öffentliche Debatten so schwierig werden lässt, sobald es um Identitätsfragen geht oder sobald alle möglichen Themen auf dem Identitätsfeld ausgetragen werden. Fukuyamas Beschreibung der von ihm »links« und »rechts« genannten Parteien ist zutreffend – aber offensichtlich eben nicht in einem Allgemeinen aufzuheben, das für den Amerikaner stets die liberal gedachte überethnisch-politische Nation sein kann. Das Allgemeine, wenn man überhaupt mit der klassischen Unterscheidung von Allgemeinem und Besonderem arbeiten will, ist jetzt die Sagbarkeit von allem.

Man sollte nicht die Augen davor verschließen, dass vieles von dem, worüber wir uns heute angesichts der Wortwahl und der Einstellung etwa der AfD zu Recht empören, in den 1960er-, zum Teil auch noch in den 1970er-Jahren geradezu konstitutiver Bestandteil der bürgerlichen Mitte war – es fällt uns aus der historischen Distanz nur nicht auf, weil damals eben nur die eine Seite gesprochen hat und Nein-Stellungnahmen nur einem kleinen Teil von Sprechern zur Verfügung standen. Was und wie über Migranten oder das ethnisch Fremde gesprochen wurde, wie man über Homosexualität oder andere Religionen und Konfessionen gesprochen hat, wie man mit abweichenden Lebensformen umgegangen ist, wäre heute nicht wegen eines angeblichen allgemeinen Linksrucks kaum mehr sagbar, sondern weil man diesen Sätzen nun offen widersprechen kann. Es ist das Protestpotenzial von Kommunikation, das dafür gesorgt hat, dass der kommunikative Haushalt der AfD heute als radikal gelten kann und muss, wobei der Erfolg der AfD und ihrer Begleitsemantik – oder ist sie nur die Begleitpartei einer inzwischen etablierten Semantik? – selbst wiederum Ausdruck symmetrischerer Nein-Stellungnahmen ist.

Ich komme auf Reckwitz' Bemerkung zurück, eine von einem starken Allgemeinen geprägte klassische Industriegesellschaft werde durch eine »Gesellschaft der Singularitäten« abgelöst. Sosehr das für ein hegemoniales Beschreibungsmodell des kulturellen Führungsmodells vom Industrieingenieur zum Kreativarbeiter gelten mag, sowenig taugt es für eine gesellschaftliche Diagnose.[44] Die Gesellschaft zerfällt gerade nicht in Singularitäten, sondern findet ihr Allgemeines einerseits in einem radikalen Schema funktionaler Differenzierung, andererseits gerade in der Etablierung von Sprecherpositionen, von denen das Singularitätsmilieu nur eines, allerdings das semantisch dominante ist.

Cornelia Koppetsch hat schon gegen Reckwitz' Verständnis zum Ausdruck gebracht, dass auch die ästhetisierende Produktion massenhafte Produktion sei, mithin also evident werde: »Singularität existiert nur auf der Folie des Allgemeinen.«[45] Dem ist zuzustimmen, aber diese Kritik verfehlt ebenfalls die kultursoziologische Diagnose, dass die Allgemeinheit des Gesellschaftlichen in dieser Sozialdimension der Sprecherpositionen darin besteht, dass sich Sprecherpositionen nicht mehr durch die klassischen Institutionenarrangements einschränken lassen. Das Allgemeine ist die Sagbarkeit und geradezu die Universalisierung von Nein-Stellungnahmen in der gesellschaftlichen Kommunikation. Das Singularitätsmilieu ist, wie gesagt, dabei nur eines unter anderen. Mit Fukuyama gegen Fukuyama lässt sich sagen: Die Universalisierung der Behauptung von Identitäten führt eben nicht zu einer neuen Allgemeinheit, sondern die Multiplikation von Sprechern und ihre Sichtbarkeit ist das Allgemeine der gegenwärtigen Moderne.

Das ist der Grund für die radikale Selbstüberforderung der Gegenwartsgesellschaft, der offensichtlich alle Techniken der Selbsteinschränkung abhandengekommen sind. Das ist sowohl emanzipatorisch, weil nun tatsächlich auch diejenigen gehört werden, die zuvor marginalisiert wurden, als auch antiemanzipatorisch, weil es letztlich gefühlt alle marginalisiert – nicht wirklich, aber in ihrem Selbstbild und in ihren semantischen Potenzialen. Gewinnen die einen an Sprechmöglichkeiten, wird ihre Marginalität erst recht deutlich, verlieren die anderen an hegemonialer Kraft, fühlen sie sich marginalisiert. Es ist letztlich ein wechselseitiges Minderungsverhältnis von Einflussmöglichkeiten – nicht in der realen Verteilung von Einflussmöglichkeiten, sondern in der Form der Selbstbeschreibung. Die Gegenwartsgesellschaft ist nervös, weil sich immer jemand als Opfer stilisieren kann, dem unrecht getan wird. Das ist das Ergebnis, fast jeder Äußerung ein kommunikatives Nein in Aussicht stellen zu können.

Die Erregbarkeit öffentlicher Kommunikation scheint derzeit ein Level erreicht zu haben, das deliberative Öffentlichkeiten, gelassene Formen der Auseinandersetzung, die Anerkennung unterschiedlicher Auffassungen und nicht zuletzt Zeitpuffer unmöglich macht. Die Gesellschaft kehrt, insbesondere getriggert durch soziale Medien im Internet, zu einer eher am Mündlichen als am Schriftlichen orientierten Form zurück. Die Buchdruckgesellschaft ist vorbei, sobald der strategische Vorteil geschriebener Sprache und der Lesbarkeit von Alternativen verschwunden ist: die zeitliche Dehnung zwischen Äußerung und Reaktion, das Auseinanderziehen von Information und Mitteilung, die Verlangsamung und Archivierung von Anschlüssen. Man kann in den sozialen Medien gut besichtigen, wie sich sogar das Schriftliche verändert, wenn es zu einer zeitunmittelbaren Möglichkeit der Reaktion bei gleichzeitiger Ausschaltung von Anwesenheit in der Interaktion kommt.

Ich habe das an anderer Stelle mit Claude Lévi-Strauss' Unterscheidung von kalten und heißen Gesellschaften beleuchtet. Kalte Gesellschaften wenden ihre Energie dafür auf, sich nicht zu verändern – heiße Gesellschaften wollen sich weiterentwickeln, verändern, verbessern, optimieren. Für Lévi-Strauss war dies gleichbedeutend mit Modernität, und Buchdruck und Massenmedien sind klassische Treiber heißer Gesellschaften, weil sie eine Dynamik entfachen, die die Rekombination von Unterschiedlichem ermöglichen. Das Netz freilich potenziert diese kommunikative Dynamik, sodass man von überhitzten Gesellschaften sprechen kann. Man muss sich nur die Eigendynamik, etwa auf dem Kurznachrichtendienst Twitter, ansehen, in der in kürzester Zeit eine Selbstbestätigungsmaschinerie hochfahren kann und Anschlüsse vor allem durch Negationen möglich werden, mit radikalen Eskalationsstufen, auf die man kaum mäßigenden Einfluss nehmen kann.[46] Diese überforderte Kommunikation ist der Preis für die vollständige Symmetrisierung von Kommunikationsbedingungen. Protest oder wenigstens Vorformen davon werden zum Normalfall von Kommunikation. Darin etabliert sich eine Steigerungslogik, die man zumindest andeutungsweise mit dem Hinweis auf die hohen Voraussetzungen einer strukturierten, darin aber asymmetrischeren Form der Kommunikation erklären kann. Die Erfüllung des Versprechens der Sagbarkeit von allem kehrt sich in ihr Gegenteil: dass niemand mehr gehört werden kann. Ein Ausweg ist die Einschließung in Identitäten, innerhalb derer allein bestätigende Kommunikation möglich ist.

Diskutiert wird all dies unter dem Stichwort der sogenannten »Filterblase«.[47] Gemeint war damit die durch Algorithmen betriebene Selektivität angezeigter Inhalte im Netz, die personalisierte Angebote erzeugen kann und somit eine auf den Nutzer zugeschnittene Welt vorgaukelt. Darüber hinaus freilich ermöglicht das Netz die Einschließung von Diskurszirkeln in sich selbst und vor allem die Selbstbestätigung der eigenen Perspektive durch die Vernetzung von Ähnlichen. Das Netz erzeugt also zweierlei: die Möglichkeit der Erreichbarkeit ganz und gar entfernter Inhalte und überraschende Suchergebnisse einerseits, andererseits aber eine Praktik der Selbstbestätigung identitärer Kommunikationsverstärkung. Das Netz ist gewissermaßen das Korrelat einer Gesellschaft, die vom Diskurs um

Verteilungs-, Struktur- und Problemlösungsfragen auf Identitäts-, Zugehörigkeits- und Inklusionsfragen umstellt. Es ist die universalisierte Möglichkeit von Ja-/Nein-Management – eine niedrigschwellige Form des Nein und eine ebenso niedrigschwellige Form der wechselseitigen Bestätigung halten sich die Waage.

Die Schnelligkeit, in der dieses Management geschieht, steht dem Mündlichen, der rohen Rede, der unmittelbaren Reaktion, der echtzeitlichen Form von Anwesenheit näher als dem, wofür das Schriftliche einmal stand: der distanzierenden, zivilisierenden Langsamkeit der Erzeugung und Verbreitung des geschriebenen Wortes mit stofflichen, damit entschleunigenden Medien. Damit erzeugt das Netz tatsächlich totale Symmetrie – nicht faktisch, aber als erlebte Form. Der Zugang ist so niedrigschwellig und die Form der Kommunikation so selbstbestätigend, dass letztlich Protestkommunikation gar nicht mehr auf bewegungsförmige Sozialformen angewiesen ist, sondern sich im Netz technisch verstärken und verbreiten kann. Der »Shitstorm« wird damit zur affirmativsten Form der Kritik, die sich selbst genügt und keine Unterscheidungen braucht.

Das ist eine ernüchternde Diagnose – aber es scheint tatsächlich zu gelten, dass Ordnung und Erwartbarkeit stets an einen asymmetrischen Unterscheidungsgebrauch gebunden sind, sodass soziale Systeme sich nicht in ihrer eigenen Komplexität und Dynamik verlieren. Das ist explizit kein Plädoyer dafür, die alten sozialen Asymmetrien wieder einzuführen – das wäre normativ fragwürdig und zugleich operativ unmöglich. Aber es muss erkannt werden, dass sich die Bedingungen für Kommunikation radikal verändert haben, und zwar im Hinblick auf die Frage, *wer* spricht und wie Alltagskommunikation ein immer höheres Protestpotenzial im Sinne wachsender Nein-Stellungnahmen aufweist. Ähnliches gilt auch für die die Frage, *was* gesprochen und getan werden kann, um Probleme zu lösen. In jedem Fall liegt hier die entscheidende Überforderung der modernen Gesellschaft vor. Es ist riskant, es so zu formulieren: Unter Zivilisation könnte man auch verstehen, dass nicht alles, was uns in den Kopf kommt, nicht jede Assoziation auch kommuniziert werden muss. Zivilisation wäre dann so etwas wie eine Stoppregel für Kommunikation, eine Art Selektivität, die Kommunikation ermöglicht, in Bahnen lenkt oder eben auch zu einem Ziel führt. Das reicht von Takt und Moral über Konventionen und alltägliche Routinen bis zur arbeitsteiligen Organisation von Zuständigkeiten. Gesellschaftliche Ordnung besteht zu einem großen Anteil aus der Vermeidung von Möglichem. Je niedrigschwelliger freilich die Möglichkeit von Nein-Stellungnahmen ist, desto schwieriger ist damit umzugehen. Freilich ist das eine zweischneidige Diagnose: Meine These zielt nicht darauf, Nein-Stellungnahmen zu vermeiden. Die Liberalisierung der Kultur, die Pluralisierung von Lebensformen, die Diversifizierung von Möglichkeiten – all das ist das unmittelbare Ergebnis von möglichen Nein-Stellungnahmen, gewissermaßen das Ergebnis des Protestpotenzials einer Kommunikationsform, deren Abweichungswahrscheinlichkeit größer ist.

Die Unmöglichkeit des Vetospielers als Protestgenerator

Das vorige Kapitel zielte auf die Frage der Ausweitung der Nein-Zone – die gegenwärtige Kultur zielt auf die Symmetrisierung von Kommunikation, was letztlich das Protestpotenzial von Kommunikation erhöht. Der im Buchdruck begonnene Kritiküberschuss[48] hat sich gewissermaßen als allgemeine Kultur etabliert. Kritik und Kritikfähigkeit wird zu einem pädagogischen, politischen, wissenschaftlichen, medialen und künstlerischen Wert schlechthin – und die Folgenlosigkeit von Kritik zu einem kritischen Topos.

Zur Grunderfahrung der Moderne gehört, dass die bloße Aufklärung über Missverhältnisse oder die bloße Erkenntnis über das, was zu tun sei, Kritik also, sich nicht einfach in Handlungen umsetzen lässt. Das ist eine demütigende Erfahrung. Sie widerspricht letztlich der Idee intentionaler Handlungskonzepte. Aber es ist eben auch eine wichtige Erkenntnis, vielleicht die zentrale Erkenntnis einer sozialwissenschaftlich informierten Selbstbeobachtung der modernen Gesellschaft, die die Sozialwissenschaften bisweilen selbst nicht zulassen – und dann selbst zu aktivistischen Protesten statt analytischer Betrachtung anheben. Moderne Gesellschaften zeichnen sich durch eine besondere zivilisatorische Errungenschaft aus, die man vielleicht Dezentralisierung, Arbeitsteilung und Differenzierung nennen kann. Sieht man genau hin, dann sorgen in der Geschichte der Moderne Differenzierungsprozesse für die Emanzipation unterschiedlicher Problemlösungstools – Politik oder Ökonomie müssen nicht mehr religiös heilsrelevant sein, die Rechtsprechung kann sich von unmittelbarer politischer Gängelung unabhängig machen, und Wissenschaft emanzipiert sich, wenn es gut läuft, von politischer Instrumentalisierung, religiösen Heilserwartungen oder unmittelbarer Anwendbarkeit.

Gesellschaftliche Modernität ähnelt dem, was man im politischen Bereich Gewaltenteilung nennt. Es ist ein evolutionärer Prozess, dessen Gesamtrichtung dahin geht, dass es Instanzen, die alles zusammenführen und in einem Prinzip aufheben, nicht mehr geben kann. Gerade vor dem Hintergrund des vorangegangenen Kapitels wird ersichtlich, dass alles auf Multilateralität angewiesen ist und an sich selbst erfährt, dass sich das Gesamtsystem nicht allein ökonomisch, nicht allein rechtlich, nicht allein religiös oder ökonomisch bestimmen, führen, verändern, gestalten lässt – und schon gar nicht in dem Sinne, wissenschaftlich begründete Notwendigkeiten schlicht anwenden zu können.

Die unfassbare Options- und Leistungssteigerung der Moderne (zu der ohne Zweifel auch der CO_2-Ausstoß gehört) ist eine unmittelbare Folge dieses Differenzierungsprozesses. Soziologisch gesprochen: *Diese Struktur der Differenzierung sowie der vollständigen Erreichbarkeit von Nein-Stellungnahmen sus-*

pendiert die Position des Vetospielers, sie schließt Positionen aus, die in der Lage wären, das Gesamtsystem zu führen, zu stoppen, zu bestimmen. Das gilt zwischen den unterschiedlichen Instanzen der Gesellschaft, aber auch innerhalb. Märkte leben von individuellen Akteuren, die eigene Entscheidungen treffen und gerade nicht zentral gesteuert werden, der Staat organisiert Gewaltenteilung, integriert die Opposition und muss sich an die Gesetze halten, in der Wissenschaft gibt es keine letzte Erkenntnis, die nicht infrage gestellt würde, und Kirchen können kaum anders, als andere Religionen anzuerkennen. Alle Strukturen sind darauf ausgerichtet, dass die Gesellschaft nicht aus einem Guss handeln kann und dass sich jegliche Initiative an der Perspektivendifferenz der Gesellschaft, an den Autonomisierungen ihrer Funktionen und nicht zuletzt an der Nicht-Erreichbarkeit des konkreten Verhaltens von Individuen bricht.

Die Moderne hat diese Struktur und diese Standards durchaus permanent zu hintergehen und zu desavouieren versucht. Zur Moderne gehören stets auch der Protest gegen die Moderne, ihre Dementierung und ihre Negation – aber all diese Versuche erscheinen uns sogleich auf den ersten Blick als pathologische Formen, die in der Geschichte der Moderne mehrfach durchexerziert wurden:

- Totale politische Herrschaft in Form faschistischer Diktaturen und des Nationalsozialismus sind zugleich moderne Erscheinungen, aber eben auch Versuche, den modernen Mechanismus der internen Differenzierung außer Kraft zu setzen.

- Gerade im Falle des Nationalsozialismus war der größtmögliche und singuläre menschliche Zivilisationsbruch gepaart mit moderner Arbeitsteilung, technischem Fortschritt und industrieller Organisationsmacht.
- Die chinesische Kulturrevolution der 1960er- und 1970er-Jahre war ebenfalls ein Zivilisationsbruch enormen Ausmaßes durch eine vollständige Durchpolitisierung der Gesellschaft.
- Der sowjetische Kommunismus und der real existiert habende Sozialismus Osteuropas waren der Versuch, die funktionale Differenzierung der Gesellschaft ebenfalls durch eine Politisierung aller Gesellschaftsbereiche zu konterkarieren.
- Aber auch die Herrschaft eines entfesselten Marktes, also der Versuch, die gesamte Gesellschaft einer Marktlogik zu unterwerfen, unterminiert die Gewaltenteilung beziehungsweise die Formen der Differenzierung der Gesellschaft.
- Die in manchen Weltregionen sichtbare Kontaminierung der gesamten Gesellschaft mit autoritären religiösen Formen ist ebenfalls der Versuch, alle Funktionssysteme durch ein Funktionssystem zu programmieren, hier des religiösen.

All diese Beispiele, deren historische Erscheinungen seit 200 Jahren allzu starke Spuren hinterlassen haben, sind hochmodern – gerade weil sie allesamt gegen den Grundzug der Moderne opponieren und sich am Differenzierungsschema der Moderne abarbeiten. Sie scheitern am Ende daran, dass es kein Handeln der Gesellschaft aus einem Guss geben kann, und müssen deshalb ihr gewaltsames Potenzial immer steigern, um sich gegen die Struktur der Gesellschaft durchsetzen zu können.

Es gibt kein Handeln der Gesellschaft aus einem Guss – und je mehr man das beklagt, desto deutlicher werden an den genannten Beispielen moderner Selbstdementierungen der Moderne ihre strukturellen Grenzen für die Gleichschaltung der Gesellschaft. Ich habe an anderer Stelle eine strukturelle Definition der Gesellschaft als »Gleichzeitigkeit von Unterschiedlichem«[49] vorgeschlagen. »Gesellschaft« ist eine Chiffre dafür, dass durch die Gleichzeitigkeit des Unterschiedlichen eine kausale und damit lineare Beziehung der Teile zueinander strukturell ausgeschlossen ist oder eben nur gewaltsam hergestellt werden kann. Man kann dies aber auch als einen Hinweis darauf lesen, dass die Unerreichbarkeit der Gesellschaft durch Gewaltenteilung und Differenzierung vielleicht ihre zivilisatorische Errungenschaft schlechthin ist.

Und doch: *Protest protestiert genau dagegen.* Er will ein Vetospieler sein, kann das aber aus strukturellen Gründen nicht. Und gerade deswegen muss er die Form des Protests annehmen, mit Vereinfachungen arbeiten und vor allem emotionale Formen der Gefolgschaft finden. Am Beispiel des Klimaprotests lässt sich das sehr deutlich beobachten: Der Protest hat einerseits einen starken sachlichen Aspekt, andererseits versucht er, sich als Vetospieler zu positionieren, indem er so etwas wie eine Stoppregel etablieren möchte, die ganz offensichtlich aber nicht greift und nicht greifen kann. Zumindest kommt in den gesellschaftlichen Institutionen und Verfahren der Zugriff aufs Ganze schon aus strukturellen Gründen nicht vor, weswegen der Klimaprotest exakt das *simulieren* muss. Er spricht die Gesellschaft als Kollektiv an, hier gebrochen im Gewand der Generation, und vermag es so, einen Adressaten zu finden, der tatsächlich als die Gesellschaft erscheint. Der Klimaprotest simuliert mit alternativlosen Sätzen im Sinne von »Ab morgen muss der CO_2-Ausstoß beendet werden«, »Wir müssen unsere Lebensweise vollständig ändern« usw., dass sich die Gesellschaft wie aus einem Guss ansprechen ließe. Das ist fast eine unvermeidliche Folge von Protestkommunikation. Sie muss sich nicht nur alternativlos gerieren, sondern auch einen Adressaten aus einem Guss simulieren, damit sie als Protestkommunikation funktioniert. Soziologisch gesprochen ist das zu kurz gedacht – aber Protest ist kein soziologisches Hauptseminar (was nicht ausschließt, dass manches Hauptseminar zur Protestveranstaltung wird, aber das ist ein anderes Problem), sondern politische Aktion, die auf kollektiv Verbindliches zielt, auf Entscheidungen, auf Wirkungen, auf Veränderungen. Und im Vergleich zu anderen Protestformen ist der Klimaprotest, zumindest der Jugendlichen, recht moderat.

An diesem Beispiel der legitimen und wichtigen Forderungen des Klimaprotests lässt sich zeigen, wie die Protestförmigkeit auf eine Gesellschaft stößt, die sich solchen Zugriffs verweigert – nicht in erster Linie aus inhaltlichen Gründen oder aus unmoralischem Widerstand, sondern aus strukturellen Gründen. Der Protest muss deshalb die Gesellschaft in einer Form adressieren, gegen die sich diese geradezu immun machen kann – gerade so, als wäre sie doch aus einem Guss. Eben deshalb muss Protest nicht nur vereinfachen, sondern auch emotionalisieren – und solche Emotionalisierung ist letztlich Protest gegen die Gesellschaftsstruktur selbst.

Deutlich wird das in einem 2019 erschienenen Buch eines Journalisten einer deutschen Wochenzeitung.[50] Alles werde anders, behauptet Bernd Ulrich, und kann ziemlich genau beschreiben, was alles anders werden muss, übrigens mit gut begründeten Evidenzen. Dieses Buch gehört zu den klügeren seines Genres, weil es durchaus einen Sensus für die Widerstände der Gesellschaft hat, die der Autor aber mit einer schlichten Einsicht in die Notwendigkeit für heilbar hält. Es scheitert aber – exemplarisch – an dem Problem, dass nicht nur ökologische Ressourcen knapp sind, sondern auch die Steuerungskapazitäten einer modernen Gesellschaft. Der Text ist der kontrafaktische Versuch, den Vetospieler in sich selbst zu entdecken – man solle die Notwendigkeit fühlen, sich ihr ganz hingeben, und wenn man das mache, dann würde sich das individuelle Verhalten wie von selbst ändern.

Völlig ohne Polemik ist das ein empirisches Dokument darüber, welche Funktion Protest heute hat: *den Vetospieler zu simulieren.* Solcher Protest affirmiert eine kritische Position, die die Gesellschaft letztlich ausschließt – und auch das ist eine zivilisatorische Leistung, weil solcher Protest in der Lage ist, die Instanzen der Gesellschaft zu Resonanzen zu zwingen. Gerade der Klimaprotest beweist das – es ist ein Protest, der nicht einfach auf Ressentiments gebaut ist, die man wenigstens intellektuell wegschieben kann; es ist kein Protest in ideologischer Form, gegen den man leicht argumentieren kann. Es ist ein Protest, der letztlich alle Fakten auf seiner Seite hat. Der Klimaprotest verlangt nichts, was man nicht verlangen sollte, und muss doch etwas verlangen, was man nicht verlangen kann:

dass ein Vetospieler die Gesellschaft dazu zwingt, sich gegen ihre »Natur« (wenn man das so formulieren will) zu verhalten. Das Problem würde selbst dann auftauchen, wenn sich in der öffentlichen Diskussion tatsächlich so etwas wie ein Einverständnis aus einem Guss herstellen ließe – spätestens wenn es an die Umsetzung des gemeinsamen Zieles ginge, zerfiele die Reaktion fast automatisch in die differenzierte Struktur der modernen Gesellschaft.

Sieht man im Klimawandel eine existenzielle Bedrohung, dann lässt sich daran auch durchdeklinieren, dass es von einiger Dramatik ist, dass die moderne Gesellschaft nicht in der Lage ist, darauf wie aus einem Guss, quasi als konzertierte Aktion, zu reagieren. Wie bei allen anderen Themen wirken auch hier jene zivilisatorischen Sicherungen, die das Gesamtsystem an einer einheitlichen, zentralisierten Reaktion hindern. Das lässt sich an jeder einzelnen Reaktion besichtigen: Wer politisch das (vermeintlich) Richtige durchsetzen will, muss es einerseits so appellativ tun, wie es der Klimabewegung mit großem Aplomb gelingt, andererseits so, dass die Betroffenen ihn wiederwählen. Wer ökonomische Veränderungen herbeiführen will, bleibt daran gebunden, dass dies auf den (Welt-)Märkten darstellbar ist, sonst ist jeglicher Gestaltungsspielraum perdu. Und wer rechtliche Regulierungen will, muss zumindest auf die Konsistenz der Rechtsanwendung und der Normenkontrolle achten. Selbst bei Konsens über Grundziele, wie sie in Resolutionen vereinbart werden, reagieren die unterschiedlichen Instanzen der Gesellschaft nach ihren je eigenen Regeln und Erfolgskriterien. Politik ohne Machtchance ist ebenso unmöglich wie ökonomisches Handeln ohne Markterfolg. Die Funktionsstelle fürs Ganze gibt es nicht, und wo man sich anschickt, sie einzurichten, werden die Standards der Moderne unterlaufen.

Die Struktur der modernen Gesellschaft ist von historisch beispielloser Leistungsfähigkeit. Eine der Bedingungen dafür besteht in der teilweisen Entkoppelung der einzelnen Funktionen: Erst wo ein Wissenschaftler tatsächlich zunächst nur Erkenntnisprobleme lösen kann und erst dort, wo man kapitalistisch wirtschaften kann, wo also der Sinn des Wirtschaftens das Wirtschaften selbst ist, entsteht jene ungeheure Leistungsfähigkeit. Und erst dort, wo das politische System nur noch für kollektiv bindende Entscheidungen zuständig ist, aber deren Folgen nicht selbst bearbeiten muss, sondern an andere Instanzen der Gesellschaft delegiert, kann es demokratische politische Entscheidungsformen und leistungsfähige Verwaltungen geben. Diese wechselseitigen Interdependenzunterbrechungen sind sowohl der Quell für Options- und Leistungssteigerungen, zugleich aber eben auch eine Sicherungsstruktur gegen direkten Zugriff. Die moderne Gesellschaft sichert die Chance zur Reduktion von Komplexität, also zur Herstellung von Handlungsfähigkeit in konkreten Bereichen, durch Steigerung der Komplexität ihrer Gesamtstruktur.[51]

Man darf das, was ich ein Reden wie aus einem Guss nenne, nicht mit eindeutiger Handlungsfähigkeit verwechseln. Man denke etwa an gemeinsame Ziele, denen man kaum widersprechen kann, die kaum negierbar sind. Niemand wird gegen Gerechtigkeit reden – aber wenn es schon darum geht, überhaupt zu definieren, was man darunter versteht, werden Differenzen entstehen, von operativen Handlungsmöglichkeiten ganz zu schweigen.[52] Niemand ist gegen Umweltschutz, aber was das dann praktisch, operativ heißt, wird erst sichtbar, wenn dies in Entscheidungen umgesetzt werden muss. Ich erwähne absichtlich solch simple und schematische Beispiele, weil daran deutlich wird, wie sehr wir uns an vereinheitlichendes Gerede gewöhnt haben – sonntagsredentauglich und überzeugend. Aber die Umsetzung allgemein zustimmungsfähiger Ziele trifft auf eine Gesellschaft, die sich in der beschriebenen differenzierten Weise verhält. Deshalb gelingt es Protestformen auch, dass Protestierende einerseits stark engagiert sind, etwa in Klimaprotesten, dass ihr Alltag andererseits den hohen moralischen Wert des Protests und seiner Forderungen niemals erreichen kann. Das darf nicht als Kritik missverstanden werden. Die paradoxe Figur des Protests, der Vetospieler sein zu wollen, der man gar nicht sein kann – weswegen es überhaupt zu Protestformen kommt –, verhindert ja gerade die Möglichkeit der vollständigen Umsetzung dessen, worauf der Protest zielt. Protest vermittelt auch die Erfahrung, dass man eben selbst der Vetospieler sein möchte, der man zumeist nicht einmal für das eigene Leben sein kann, geschweige denn für komplexe Entscheidungsprozesse, die mehr als nur das eigene Leben tangieren.

Darin liegt eine erhebliche Tragik des Protests, nämlich insofern, als die Bedingung der eigenen Möglichkeit zugleich die Unmöglichkeit der Durchsetzung der eigenen Forderungen beinhaltet – das heißt nicht, dass Protest keine Wirkungen hätte, aber für den Protest selbst ist das, was er durchsetzen kann, schon aus strukturellen Gründen zu wenig. Der Protest ist der Auslöser eines gesellschaftlichen Verarbeitungsprozesses, er ist aber nicht souverän im Hinblick auf die eigenen Möglichkeiten.

Carl Schmitts viel zitierter Satz, dass derjenige der Souverän sei, der über den Ausnahmezustand verfüge,[53] zielt exakt auf die Unmöglichkeit eines solchen Souveräns. Freilich war das nicht das, was Schmitt damit meinte. Es war eher der Verdruss gegenüber der verweichlichten bürgerlichen Gesellschaft, deren Gewaltenteilung, deren Parlamentarismus, deren Intellektualismus und deren Pluralismus unmittelbare Verhältnisse aus einem Guss verunmöglicht hat. Es ist das generationstypische Motiv der Verherrlichung des Ausnahmezustandes, der Ernst Jünger'schen »Stahlgewitter«[54] und der männlichen Erlebnisform des Militärischen. Und eines hat das Argument für sich: Wirklich integriert, also letztlich aus einem Guss agierend, waren moderne Gesellschaften nur im Krieg, also im Ausnahmezustand. Dann ließ sich Ökonomisches zur Kriegswirtschaft bündeln, Parlamentarisches weitgehend vermeiden, Bildung, Religion, Medien, Recht und Kunst konnten auf die gemeinsame Sache eingeschworen werden. Kriegsgesellschaften konnten das Handeln aus einem Guss durchsetzen – mit den beiden entscheidenden Mitteln emotionaler Bindung von Massen durch Propaganda und Beschwörung des gemeinsamen Schicksals und durch schlichte Gewalt. Die entfesselbare Leistungsfähigkeit einer Kriegssituation ist enorm – aber eben auf Kosten der zivilisatorischen Errungenschaften der Differenzierung und der Gewaltenteilung.

Ich erwähne dies hier nur, um zu zeigen, dass die Verzweiflung an der Differenziertheit der Moderne eine lange Tradition hat – auch eine sehr unangenehme. Es ist eine Verzweiflung daran, dass man nicht einfach durchregieren kann, was aber, wie gesagt, der Grund für die moderne Leistungsfähigkeit ist und gewissermaßen einer eingebauten Sicherung gleicht. *Trotzdem kann man daran verzweifeln*, weil es so aussieht, als würden diese inhärenten Sicherungen sich gegen das System selbst kehren. Wäre es nicht besser, es gäbe eine Ein-für-alle-Mal-Lösung? Es liegt fast nahe, die Sicherungen der Moderne außer Kraft setzen zu wollen – denn gerade jetzt wird das Risiko der Gewaltenteilung und der Dezentralisierung sichtbar. Märkte sind zwar grandiose Problemlöser, aber sie erzeugen auch Probleme, und nicht zuletzt erzeugen sie auch Produkte, die nur der Markt braucht. Die Demokratie ist eine geniale Form der Entscheidungsfindung, aber die Leute wählen bisweilen falsche Lösungen. Wissenschaft ist unfassbar leistungsfähig, aber die Erwartung nach eindeutigen Lösungen kann sie gerade deswegen nicht stillen.

Der Protest will den Ausnahmezustand – heute vielleicht nicht so wie einst ein Ernst Jünger oder Carl Schmitt, aber das Prinzip ist dasselbe. Die Rede von der Panik und die Drohung des Untergangs im Klimaprotest – all das sind Variationen des Gedankens, dass souverän der sei, der über den Ausnahmezustand verfügen kann. Das gilt auch für die rechte Figur der »Umvolkung«. Sie suggeriert einen Ausnahmezustand, nämlich die angebliche Zerstörung der »Substanz« der eigenen Existenz. Diese sehr unterschiedlichen Beispiele zeigen, wie sich Protest durch Rekurs auf einen Ausnahmezustand stabilisiert. Die genannten Fälle unterscheiden sich inhaltlich radikal – das eine Beispiel bezieht sich auf das Überleben der Menschheit, das andere auf die Imagination eines substanziellen Volkskörpers. Es fällt aber nicht schwer, das eine für legitim zu halten, das andere nicht. Doch darum geht es nicht. Es geht darum, wie ähnlich sich die beiden Protestformen diskursstrategisch sind. Die wirksamste Form der Belebung des Protests ist ohne Zweifel die Simulation eines Ausnahmezustands – freilich empirisch gesehen mit starken Abstufungen, nicht immer geht es ums Ganze, aber beim Protest doch zumindest um das Ganze im Hinblick auf ein bestimmtes Thema.

Protest muss also – mit allen Abstufungen – jener Vetospieler sein wollen, der er nicht sein kann und weswegen es überhaupt zu Protest kommt. Das ist die Ausgangsbedingung von Protesten, die nicht nur auf Sachfragen aufmerksam machen, nicht nur auf inhaltliche Forderungen, nicht nur auf mehr oder weniger berechtigte Anliegen, sondern vor allem auf die Sicherungsmaßnahmen einer Gesellschaft, deren Leistungsfähigkeit und deren differenzierte Instanzen sich intentionalen Versuchen der Veränderung entgegenstellen. Es geht tatsächlich um die Grenzen der Institutionalisierung von Nein-Stellungnahmen, es geht um die Kapazitätsgrenzen einer Gesellschaft, die von nichts anderem mehr geprägt ist als von der Unmöglichkeit des vollständigen Durchgriffs auf das Ganze.

Man kann dieses gesellschaftsstrukturelle Argument für naiv halten, wissen wir doch, dass es Interessen- und Machtstrukturen sind, die sich intentionalen Eingriffen in die Gesellschaft und die sich der Durchsetzung von Notwendigkeiten entgegenstellen. Doch sollte man auch Interessenlagen und Machtstrukturen nicht außerhalb ihrer gesellschaftlichen Formierung verstehen. Machtstrukturen, sowohl politischer als auch wirtschaftlicher Natur, sind ja selbst Resultate der entsprechenden institutionellen Struktur gesellschaftlicher Routinen. Denkt man an den klassischen Konflikt zwischen ökonomischer Macht und politischer Durchsetzungsfähigkeit von Regulierungen und Korrekturen von Marktfolgen – der klassische Konflikt moderner Institutionenarrangements –, findet sich darin der Hinweis auf den Handlungsspielraum politischer Entscheidungsmöglichkeiten auf der einen Seite und der Formierung politischer Interessen auf der anderen Seite. Mein Argument ist also nicht interessen- und machtblind, sondern macht darauf aufmerksam, dass Protest eben auch eine Ausdrucksform ist, Macht zu demonstrieren, wo sie im institutionellen Arrangement des politischen Systems nicht funktioniert. Man könnte es auch so formulieren: Dass Protest sich gegen die Mächtigen richtet oder gegen diejenigen, denen man die Lösung von selbst definierten Problemen zurechnet, welcher Art sie auch immer seien, ist trivial. Protest ist aber vor allem Ausdruck der Tatsache, dass die Opposition innerhalb der institutionalisierten Verfahren als nicht ausreichend erscheint. Im politischen Sinne protestiert der Protest gegen die Opposition, oder besser: gegen die Unfähigkeit der Opposition, sich gegen die regierende Macht durchzusetzen. Das mag ein wenig schematisch klingen, bildet aber exakt die Anfangsbedingung ab, die interne Nein-Stellungnahmen in Protestform bringt.

Die Funktion des Protests

Hier nun finden wir die Funktionsstelle des Protests. Gerade weil die Sicherungen der Moderne so sehr auf das Kleinarbeiten und die Segmentierung der Probleme getrimmt sind, fehlt der Ort für die Repräsentation des Unbehagens an dieser Gewaltenteilung. Protest protestiert gegen diesen Mechanismus – *er nimmt die unbesetzbare Stelle des Vetospielers ein.* Selbstverständlich *ist* Protest kein Vetospieler, er kann keiner sein, aber er ist wenigstens in der Lage, die differenzierten Instanzen der Gesellschaft dazu zu zwingen, sich zur Sichtbarkeit des Protests zu verhalten.

Bezogen auf konkrete Beispiele: Die internationalen 68er-Proteste haben liberalere Lebensformen, sozialen Aufstieg und überhaupt die Hinwendung zu sozialen Fragen sichtbar gemacht, auch wenn man historisch rekonstruieren kann, dass die meisten dieser Inhalte bereits innerhalb der Instanzen vorbereitet waren, wenn auch weniger sichtbar.[55] Die Bürgerrechtsbewegung in den USA hat den strukturellen Rassismus der US-amerikanischen Gesellschaft zutage gefördert. Die Alternativbewegungen seit den 1970er-Jahren haben auf konkrete Fragen hingewiesen, die allesamt durch ihre politische Sichtbarkeit die klassischen Instanzen gezwungen haben, diese Themen zu institutionalisieren. Die Proteste von Solidarność in Polen, später die Demonstrationen in der DDR haben für die Sichtbarkeit eines Unbehagens gesorgt, das schon vorher virulent war.

All das gilt auch für Protestformen, die normativ auf einer ganz anderen Seite stehen. Rechtsradikale Protest- und Demonstrationsformen sind hier zu nennen. *PEGIDA* als die vielleicht ausgeprägteste Form versorgt die Gesellschaft mit der Sichtbarkeit von etwas, das schon da ist, von den Protagonisten aber als etwas erlebt wird, was die institutionalisierten Instanzen der Gesellschaft nicht abdecken können. *PEGIDA* und ähnliche Protestformen waren sehr wohl in der Lage, entsprechende Resonanzen in den Funktionssystemen zu erzeugen: Es machte Sätze sagbar, die vielleicht vor Jahrzehnten möglich waren, aber derzeit im politischen System relativ undenkbar sind. Diese Protestform hat ohne Zweifel ein Thema – nämlich Migration und Flucht – in der öffentlichen Sphäre so verankert, dass sich Parteien, Regierungen und Kommentare dazu verhalten mussten. Und den Klimaprotesten wird man nicht absprechen können, dass sie das Thema des Klimawandels nicht nur auf die Agenda gesetzt haben, sondern politische Instanzen geradezu dazu gezwungen haben, darauf inhaltlich zu reagieren, etwa Klimapakete zu schnüren oder wenigstens Absichten zu äußern.

Protest löst das Bezugsproblem, Themen in der Gesellschaft sichtbar zu machen, die durch die etablierten Instanzen und ihre Verfahren zwar bearbeitet, aber letztlich nicht sichtbar gemacht werden können beziehungsweise nach Auffassung der Protestierenden nicht genügend Aufmerksamkeit oder Durchschlagskraft erhalten. Exakt das ist die Funktion des Protests: Themen so zu setzen, dass man an ihnen nicht vorbeikommt. Das ist die Erfolgsbedingung – und zugleich das Tragische am Protest, der seine Ziele ganz selten wirklich vollständig erreichen kann, weil er ja etwas verlangt, was die moderne gesellschaftliche Differenzierung kategorial ausschließt: dass die Gesellschaft wie aus einem Guss reagieren solle. Gerade diese tragische Form des Protests ist es, die letztlich dazu führt, dass sich Protestformen meistens nach einiger Zeit steigern müssen, zumindest semantisch. An der Kapitalismuskritik, einem der stabilsten Sinnpartikel von Protestformen, lässt sich das sehr gut studieren.

»Kapitalismus« steht als Chiffre für die Struktur einer modernen Gesellschaft, die sich nur deshalb gegen sich selbst kehren kann, weil sich darin eine eigensinnige Dynamik zeigt, die sich weder von innen noch von außen schlicht instrumentell verändern lässt. Kapitalismus ist ein Platzhalter für das Unbehagen an der Unübersichtlichkeit der Moderne – und Kapitalismuskritik ist deshalb die Mutter aller Kritik und damit die Mutter aller Protestformen, was sich übrigens auch darin zeigt, dass die derzeitigen Konfliktlinien in Protestszenen dieses Zauberwort nicht nur von links anführen. Auch rechte Proteste gerieren sich bisweilen antikapitalistisch oder gegen den »Neoliberalismus«, weil sich damit jenes Unbehagen am besten auf den Begriff bringen lässt, der dem Protest erst seine Funktionsstelle zuweist.

Um nicht falsch verstanden zu werden: Hier geht es überhaupt nicht um eine wissenschaftliche Analyse des Kapitalismus – man kann ohnehin in Zweifel ziehen, ob dieser Begriff tatsächlich dazu taugt, mehr zu benennen als eine auf Geldwirtschaft und Marktförmigkeit eingestellte Form des Knappheitsausgleichs. Es geht eher um die Chiffre »Kapitalismus«, um den Signifikanten, der schon durch bloße Nennung Information zu erzeugen scheint – bis in akademisch formulierte Diagnosen hinein. Kapitalismuskritik steht demnach symbolisch für den Grundkonflikt der Moderne: einerseits mit den Gleichheitsversprechen der politischen Aufklärung umzugehen und andererseits mit den Ungleichheitseffekten des Ökonomischen zurechtzukommen. Der Kapitalismus lebt aber von den Eigentumsrechten, die in der politischen Aufklärung – von Locke bis Hegel – mit Gleichheitsversprechen gekoppelt waren. Und dass der moderne Staat stets in die Dynamik der ökonomischen Entfesselung eingegriffen hat, ist ebenso eine Binsenweisheit wie die Tatsache, dass nur jener Reichtum verteilt werden kann, der in einer wettbewerbsorientierten Wirtschaft anfällt.

Dieser Grundkonflikt der Moderne zwischen wirtschaftlicher Dynamik und politischer Regulierung bleibt in den Traditionen ihrer eigenen Perspektiven hängen. Politik erlebt sich als kollektiver Handlungsträger und müht sich um die Einhegung der ökonomischen Ungleichheitsfolgen. Aus ökonomischer Perspektive wird dies als Handlungseinschränkung erlebt, weswegen hier die klassischen liberalen Semantiken der Abwehrrechte gegen staatliche Interventionen so populär sind. Kapitalismuskritik hat dann entsprechend einen Aufforderungscharakter an das politische System, die Entscheidungen individueller Spieler (oder wenigstens ihre Folgen) sozial verträglicher zu gestalten.

So weit, so bekannt – ich erwähne es nur deshalb, weil sich darin verdeutlicht, dass sich schon die Kritik- und Protestchiffre »Kapitalismus« an einer genaueren Beschreibung des Gegenstandes bricht. In diesem Sinne kann diese Protestchiffre als eine Form der Selbstberuhigung angesehen werden, weil sie als politisches Programm so tut, als sei damit die Dynamik der modernen Gesellschaft erreichbar.[56] Vielleicht eignet sich pauschale Kapitalismuskritik deshalb besonders gut als Protestform, weil sie den Protest darüber beruhigt, besser: ihm vorgaukelt, damit die Gesellschaft in ihrer Dynamik erreicht zu haben.

Und vielleicht zeigt die Beliebtheit der Kapitalismuskritik auch an, in welcher tragischen Situation sich Protest bisweilen bewegt. Denn Kapitalismus als eine ökonomische Form, die sich von anderen Funktionen der Gesellschaft emanzipieren kann, ist eben auch eine Chiffre für das, was zu jener Teilung der Gewalten der Gesellschaft gehört. Man kann schwer daran vorbeisehen, wie sehr der Kapitalismus, verstanden als die Verselbständigung des Ökonomischen, zu einer enormen Leistungsfähigkeit bei der Wohlstandsproduktion geführt hat – weltweit, wie die entsprechenden Daten ziemlich eindeutig zeigen können.[57] Damit steht »Kapitalismus« tatsächlich einerseits für jenen Mechanismus, der als Quelle gesellschaftlicher Gewaltenteilungsprozesse angesehen werden kann, andererseits aber auch dafür, wie wenig man durchregieren kann, wie sich gesellschaftliche Strukturen verselbständigen und wie unerreichbar diese für klare und schnelle Veränderung sind. Wenn man so will, teilt der Kapitalismus sein Schicksal mit der Demokratie, die zwar die beste aller Regierungsformen ist, aber eben auch durchaus undemokratische Effekte haben kann, wenn die Falschen oder das Falsche gewählt werden. Er teilt auch das Schicksal mit dem Rechtsstaat, der rechtliche Konsistenz, aber nicht unbedingt Gerechtigkeit herstellen kann. Und er teilt das Schicksal mit den Massenmedien, die endlich über alles berichten können, aber das eben auch in jeder denkbaren Weise, was nicht unbedingt zur Orientierung in der Welt beiträgt.

Um Fehlinterpretationen vorzubeugen: Meine Kritik an der Verwendung des Konzepts »Kapitalismus« ist keine Apologie des Kapitalismus, nicht einmal überhaupt eine soziologische Stellungnahme zu all dem, was unter dieser Chiffre diskutiert wird. Es geht mir um den performativen Sinn solcher Zeigewörter, die die Funktion von Protest deutlich machen können.[58] Zu sagen, dass der Krieg oder der Klimawandel oder die Ungerechtigkeit auf der Welt am Kapitalismus liegt, ist performativ sehr übersichtlich – genaueres Hinsehen wird dann wieder von den arbeitsteiligen, perspektivendifferenten, differenzierten Kategorien der Gesellschaft aufgesogen, und schon verschwindet der performative Sinn der Chiffre. Dass ich zur Illustration den Kapitalismus gewählt habe, ist nur der Tatsache geschuldet, dass es sich dabei um die verbreitetste Chiffre handelt. Alternativen sind »Klimanotstand«, »Ungerechtigkeit«, »Überfremdung«, »Menschlichkeit« usw. – alles Begriffe mit einem durchaus sachlichen, vor allem aber performativen Gehalt im Protestkontext.

Es geht also darum, zu zeigen, dass eine genauere Besichtigung dessen, was in Protestsprache etwa »Kapitalismus« heißt, zumeist erheblich voraussetzungsreichere Einwirkungsmechanismen offenbar macht, als es die bloße Ablehnung des Kapitalismus suggeriert. Denn es geht beim Protest gerade um das Antipodische der bestehenden Ordnung gegenüber, weswegen der Protest auch meistens die Auskunft darüber schuldig bleiben darf, was denn aus dem Antipodischen zu folgen habe. Proteste und Demonstrationen sind keine Hauptseminare oder Tagungen zu der Frage, wie man sich eine homogenere Gesellschaft oder gesellschaftlichen Zusammenhalt (das ist die liberaler freundliche Variante des Ersteren) vorstellen sollte, was die Durchsetzung des »refugees welcome« in den Ebenen des politischen und administrativen Alltags zu bedeuten habe, wie der geforderte Verzicht auf CO_2-erzeugende Lebensformen konkret aussehen oder entsprechend durchgesetzt werden könne usw.

Spätestens an dieser Stelle ist der Hinweis notwendig, dass dieses Buch keine Kritik am Protest ist, kein Protest gegen Protest, sondern der Versuch, ihn positiv in seinem performativen Sinn und seiner Funktion zu bestimmen. Protest in diesem Sinne zu kritisieren wäre naiv und würde auch die Funktion des Protests völlig verkennen. Die Funktion ist es ja gerade, mit jener Stimme des Vetospielers zu sprechen, den es gar nicht geben kann. Erstaunlicherweise erzeugt Protest dann doch oftmals exakt das Vehikel, das dem politischen System jene Durchsetzungskraft verleiht, zu Lösungen zu kommen – womit nicht im Geringsten qualifiziert ist, dass es sich dann um wünschenswerte Lösungen handelt. Die Wahlerfolge der AfD wären ohne die Symbolik des öffentlichen Protests in Form von *PEGIDA* oder ohne Gegenprotest gegen die Solidarität mit Flüchtlingen ebenso wenig möglich gewesen, wie es die Etablierung des Klimathemas als politisches Topthema ohne die geradezu unglaublich erfolgreichen Schülerproteste seit 2018 gewesen wäre.

Meist protestiert nur ein kleiner Teil der Bevölkerung. Studien können dann darüber aufklären, wie selektiv die Sozialstruktur bestimmter Protestformen und -gruppen ist und dass diese keineswegs repräsentativ für die Bevölkerung stehen – so steht *PEGIDA* ganz sicher nicht als repräsentativer Querschnitt der Dresdner oder der ostdeutschen Gesellschaft insgesamt, und zu behaupten, die *Fridays for Future*-Schülerinnen und -Schüler wären Repräsentanten einer ganzen Generation, wäre ebenso verkehrt. Ähnlich war die 68er-Generation keineswegs eine vollständige Generation von 68ern, um es etwas merkwürdig zu formulieren. Was man aber gerade bei diesem Beispiel deutlich bemerkt: Auch die Kritik an 68 erkennt die damaligen Studentenproteste als zumindest den Versuch an, jener Vetospieler sein zu wollen, den es nicht geben kann.

Die gesellschaftliche Funktion des Protests reagiert also darauf, dass die Nein-Stellungnahmen durch die gesellschaftlichen Instanzen und Routinen zu sehr absorbiert werden, sodass Motivation oder Sichtbarkeit im Hinblick auf angestrebte Veränderung verschwindet. Die Funktion des Protests äußert sich darin, das Problem der Dringlichkeit von Themen in einer Gesellschaft in seiner Ambivalenz evident zu machen: Einerseits kann sich die Gesellschaft zwar enorm beschleunigen, ist aber andererseits genau darin auch in der Lage, Dringlichkeiten zu absorbieren. Dass dem Klimawandel nicht schnell genug Maßnahmen entgegengesetzt werden können, Gerechtigkeit nicht sofort hergestellt oder die Energiewende nicht gleich durchgesetzt werden kann, ist Generator und Bedingung des Protests. Daher rührt übrigens auch die Selbstgerechtigkeit des Protestes, die damit zu tun hat, dass dieser sich im Besitz einer höheren Wahrheit wähnen muss, weil es sonst keine Legitimation geben kann, sich über die etablierten institutionellen Routinen politischer Entscheidungsfindung zu stellen.

Das Verhältnis des Protests zu den Institutionen des Staates lässt sich daran ablesen, was passieren kann, wenn Protestbewegungen in Parlamente kommen und dort die Verve des Protests in den parlamentarischen Apparat hineintragen wollen. In der Geschichte der Bundesrepublik hat es zwei sehr unterschiedliche Beispiele dafür gegeben, wie Protestbewegungen in den Parlamenten ankamen. Das eine Beispiel sind die Grünen seit den 1980er-Jahren, das andere ist die AfD, die inzwischen im Bundestag und in allen Landesparlamenten vertreten ist. Erinnert man sich an die Befürchtungen in der veröffentlichten Meinung, als die Grünen 1983 das erste Mal mit 5,6 Prozent der Zweitstimmen in den Bundestag eingezogen sind, so waren die Erwartungen von großer Sorge darüber geprägt, ob diese Partei den Parlamentarismus aushöhlen werde. Die Sorge war völlig unberechtigt – vielmehr hat sich der Streit in die Partei selbst hineinverlagert. Der Streit zwischen sogenannten »Fundis« und »Realos« in den 1980er-Jahren war vor allem ein Streit zwischen zwei Politikkonzepten: Das eine konnte sich seine Nein-Stellungnahme nur als radikale Systemkritik vorstellen und laborierte am grundlegenden Verhältnis zum politischen System der Bundesrepublik, das andere war bereit, sich innerhalb der Strukturen des Institutionenarrangements durchzusetzen und damit von der Protestbewegung zur Oppositionspartei (und später Regierungspartei) zu werden.[59] Wie in einem Brennglas lässt sich an dieser Geschichte zeigen, dass sich Protest tatsächlich am Verhältnis zwischen Kritik außerhalb von Verfahren und der Integration von Nein-Stellungnahmen erklären lässt. Die »Fundis« haben ziemlich genau diagnostiziert, dass sich die Forderungen innerhalb der organisierten Absorption von Nein-Stellungnahmen des Staates notwendigerweise von den identitätsstiftenden Formen des vorherigen Protests entfernen müssen. Sie haben die dem Protest inhärente Tragik repräsentiert – und sind innerhalb der Partei zur Bedeutungslosigkeit geschrumpft, während die Partei selbst inzwischen zu den staatstragenden Parteien gehört und gerade die Institutionen der organisierten Demokratie gegen äußeren Protest verteidigt. Spuren der Protestgeschichte der Grünen kann man heute sicher nicht mehr im Habitus ihrer Protagonisten oder in den Themen ausmachen, sondern in der immer wieder aufblitzenden Form moralischer Selbstgerechtigkeit, derer es bedarf, um sich den gesellschaftlichen Routinen der Konfliktbearbeitung zu entziehen.

Bei der AfD dagegen haben sich die Befürchtungen bestätigt. Die AfD ist der parlamentarische Ast rechtsradikaler Proteste und laboriert ebenfalls am Verhältnis des Institutionenarrangements und fundamentalem Protest. Ihr Gesellenstück hat sie, wie bereits im Kapitel der Institutionalisierung der Nein-Stellungnahmen besprochen, im Februar 2020 in Thüringen geliefert. Es geht nun nicht um diesen Fall, sondern darum, wie sich ein in die Institutionen injizierter Protest letztlich an den Verfahren selbst abarbeitet, wenn er sich nicht zivilisieren kann. Das Ziel dieser Art Protest ist nicht, für die Durchsetzung eigener politischer Vorstellungen im demokratischen Prozess zu sorgen, sondern die Institutionen und Verfahren zu destabilisieren und ihnen die Macht der destruktiven Regelverletzung vorzuführen. Götz Kubitschek, *Spiritus Rector* hinter der Strategie der Höcke-AfD und Verbindungsglied zu den außerparlamentarischen rechten Protestformen, hat flugs nach der Wahl des FDP-Ministerpräsidenten auf seinem Blog die Strategie erläutert, die er »konstruktiv-destruktiv« nennt, und tatsächlich das Verfahren beschädigt.[60]

Auch an diesem Beispiel lässt sich die Funktion des Protests indirekt ablesen. Seine Funktion ist keineswegs die Zerstörung oder Verächtlichmachung von Institutionen und Verfahren, sondern seine Distanz zur verfahrensförmigen Integration von Nein-Stellungnahmen in Entscheidungsprozesse. Die Funktion von Protest besteht, wie oben bereits formuliert, darin, Themen sichtbar zu machen, die durch die etablierten Instanzen und ihre Verfahren zwar bearbeitet, aber letztlich nicht sichtbar gemacht werden können beziehungsweise nach Auffassung der Protestierenden nicht genügend Aufmerksamkeit oder Durchschlagskraft erhalten. Wenn die Protestattitüde direkt in die Verfahren verpflanzt wird, wird deren operative Differenz deutlich. An der AfD kann man das deutlich nachverfolgen.

Protest als Themengenerator

Ein Vetospieler kann Protest nicht sein – die Funktion des Protests verweist gerade auf die Unmöglichkeit dessen, was Protest erreichen will. Das schließt, wie wir nun gesehen haben, schon die Gesellschaftsstruktur aus. Aber es ist gerade das Scheitern daran, Vetospieler sein zu können, welches die eigentümliche kommunikative Dynamik von Protest ausmacht, wenn er gelingt, das heißt, wenn an ihn angeschlossen wird.

Protest richtet sich zumeist an Dritte. Er ist eine vorgeführte Nein-Stellungnahme, deren Anschlussfähigkeit ganz unterschiedlich ausfallen kann. Die Kontinuierung von Protest ist vor allem an positive Anschlüsse gebunden, weswegen Protestkommunikation meistens relativ niedrigschwellig ist. Es reichte das Unbehagen am Kalten Krieg, um sich der Friedensbewegung der 1980er-Jahre anzuschließen; es reichte die Unzufriedenheit an einem engen bürgerlichen Lebensstil, um sich Alternativprotesten anzuschließen, es reichte das Missfallen an sozialer Ungleichheit, um sich etwa Gipfelprotesten anzuschließen. Ein diffuses Unzufriedenheitsgefühl und eine fast unbegründete Elitenkritik genügen, um montags mit *PEGIDA* zu demonstrieren, und auch der Protest von Schülerinnen und Schülern für konsequenten Klimaschutz kommt letztlich mit wenig Informationen aus. Protestgruppen sind oft sehr heterogen, was auch ihrer Bewegungsförmigkeit geschuldet ist, die einen niedrigschwelligen Zugang erfordert.

Diesen Befund mit Wirkungslosigkeit zu verwechseln, wäre falsch, das Gegenteil ist der Fall, wie an der 68er-Protestbewegung gezeigt werden kann. In meiner Studie *Gab es 1968?*[61] habe ich erklärt, wie die 68er-Proteste gewissermaßen 68er wider Willen erzeugt haben: *Auch die Kritiker von 1968, also diejenigen, die heute dieses Datum verwenden, um sich den Status quo ante wiederzuholen, sind 68er!* Nicht dass sie sich nicht von den Protagonisten unterschieden hätten, aber sie sind exakt von den gleichen damaligen Ereignissen und Protestformen infiziert worden. Sie bilden demnach *eine* Generationsgestalt ab. Ihre Kämpfe sind die Kämpfe der 68er, selbst wenn sie sie nur negieren. Es sind gewissermaßen Nein-Stellungnahmen zu Nein-Stellungnahmen.

Um es an einem Beispiel zu demonstrieren: Manche Kritik ist nur im Generations- und Protestzusammenhang von 1968 zu verstehen. Man denke etwa an den viel diskutierten *Spiegel*-Essay von Botho Strauß »Der Plurimi-Faktor« von 2013. Strauß entwickelt darin eine Theorie des Reaktionären, des avantgardistischen Außenseiters. Zentraler Satz: »Der ästhetische Urfehler rührt vom Plurimi-Faktor: *die meisten* zur obersten Interessensphäre zu machen. Das Breite zur Spitze zu erklären.«[62] Strauß rekurriert auf Rudolf Borchardts Kritik an der Humboldt'schen Bildungsreform, »es komme eben nicht darauf an, daß viele Griechisch lernen, sondern wenige. Die vielen verdünnen das Gut, jene wenigen aber erhalten es.« Das

Fantastische, das Neue, das Erfinderische könne nur »der Reaktionär« hervorbringen, in einer Art höherer Freiheit. Der Text spottet über alles, was in den vergangenen Jahrzehnten als »Modernisierung« anerkannt wurde: die Ausweitung von Partizipation und Sprecherpositionen, von Demokratisierung und kommunikativer Verflüssigung. Die Aussagen bekommen ihren Sinn als unmittelbaren Effekt von 1968, weil darin alle Themen der damaligen Proteste aufgehoben werden. Die Proteste standen dafür, dass viele Griechisch lernen und dies die entscheidende Information war, nicht die Exzellenz der wenigen, die eine Wenigkeitsexzellenz ist. Für »Griechisch« kann man mühelos andere, zuvor exklusive, Bildungsinhalte einsetzen.

Nicht einmal den Konservativen traut Strauß, die als »Krämer des angeblich Bewährten« längst abgewirtschaftet hätten. Dagegen helfe nur das Gegenteil von Partizipation, Demokratisierung und kommunikativer Verflüssigung: »Da inzwischen jeder Autoreifen einen Kulturbegriff für sich beansprucht, muß, was früher tatsächlich einmal kultiviert wurde, umbenannt werden und im weiteren Sinne einer *Aristokratie des Beisichseins* zugezählt.« Der Habitus dieses Denkens lebt von einem beleidigten Blick des alten Europa auf die Unverschämtheit des neuen. Botho Strauß' Text inszeniert einen Phantomschmerz, der davon lebt, dass man sich nicht mehr darauf verlassen kann, dass die Leute das tun, was ihrer Herkunft gemäß ist. Deshalb bleibt die Avantgarde nicht unter sich, deshalb wird Aristokratisches nachgerade anachronistisch (im wahrsten Wortsinne) – und deshalb hat es etwas durchaus Attraktives. Die Attraktivität lebt davon, Kontinuität in eine diskontinuierliche Welt bringen zu wollen. Sie ist vom beleidigten Gestus dessen geprägt, der das Distinktionsbedürfnis der ehemaligen Eliten – der Soziologe Gaetano Mosca nannte sie die »herrschende Klasse« – gegen die nun unverschämten Massen pflegt, die nicht einmal mehr aufklärbar sind.

Es geht hier nicht um die Sache selbst, nicht um die Zustimmungsfähigkeit und nicht um die Diskussion der Thesen. Es geht um ihren Horizont, nämlich jenen Generationszusammenhang von 1968, vor dem die normative und ästhetische Form des Textes erst als Provokation erscheint und gegen etwas spricht, das gar nicht explizit erwähnt werden muss, um in seiner konflikthaften Form zu funktionieren. Der Plurimi-Faktor ist geadelt von der Gegnerschaft einer Gesellschaft, die positiv an die Proteste von 1968 in dem Sinne anschließen würde, dass sie eben all das überwunden hat: dass man die Menschen danach beurteilt, was sie *sagen*, nicht danach, was sie *sind*, bevor sie den Mund aufgemacht haben. Das war die Formel, mit der Armin Mohler auf den Begriff gebracht hat, was er den Liberalen nicht verzeihen könne.[63] »Die Vorstellung eines autonomen ›Individuums‹« schreibt Mohler, »wie sie dem Liberalen so am Herzen liegt, ist die schlimmste aller Abstraktionen.«[64] Im Sound von Botho Strauß: »Wozu noch *Ich* sagen? Man wird sich daran gewöhnen, daß nicht Subjekte etwas fühlen, sondern konsentiv Assemblierte etwas zum allgemeinen Erlebnis bringen.«

Die Sichtbarkeit von 1968 als Referenzrahmen rührt daher, dass es vor allem Proteste waren, organisierte, sichtbare Nein-Stellungnahmen, die erst jene Gegenbewegung, jene Kritik der

Kritik, jenen Protest gegen den Protest ermöglichten. 1968 steht für viel mehr als Proteste – es ist eine Chiffre für eine bereits in die 1950er-Jahre zurückreichende gesellschaftliche Pluralisierung. Womöglich sind die Proteste sogar eher das Ergebnis dieser Pluralisierung als umgekehrt diese die Folge jener. 1968 als Generationslage hat viel mit Bildungsexpansion, mit der Ermöglichung sozialen Aufstiegs, nicht zuletzt mit der Verbreitung von Popkultur zu tun und war keineswegs auf die relativ kleine Gruppe von Aktivisten der Bewegung beschränkt. Aber an der Ikonografie von 1968 lässt sich die Funktion des Protestanteils ermessen. Als im Jahre 2018 die Zeitungen voll waren mit Reminiszenzen an 1968, kamen fast überall dieselben Motive zum Einsatz: protestierende Studenten, Demonstrationen, Protestparolen und Kritikforen. Es war das Protestförmige daran, das im kollektiven Gedächtnis blieb, die konkrete Nein-Stellungnahme und ihre inszenatorische Visibilisierung.

Darin beweist sich die Funktion des Protests noch einmal deutlich: Er erzeugt eine Sichtbarkeit, die, wenn sie erfolgreich ist, niemandem ermöglicht, sich nicht dazu zu verhalten. Der Erfolg von Protesten und Protestbewegungen liegt also gar nicht daran, ob sie sich inhaltlich durchsetzen, sondern ob es ihnen gelingt, Themen zu generieren, die dann wie von selbst auf der Agenda stehen. Gegenwärtig sind die Klimaproteste dafür das beste Beispiel. Niemand kann das Thema derzeit ignorieren, niemand kann sich nicht dazu verhalten. Der größte »Erfolg« der Proteste ist, dass der Klimawandel zu einem der Grundthemen populistischer, vor allem rechtspopulistischer Kritik geworden ist. Man kann ihn nur leugnen, weil er durch sichtbare Nein-Stellungnahmen einen derart hohen Informationswert bekommen hat.

Man kann den Klimawandel in der Sache leugnen. Aber man kann nicht die Klimaproteste leugnen. Wie Botho Strauß mit einem vor sich hergetragenen, vielleicht auch nur inszenierten Ekel die Gleichmacherei der 68er anprangern musste, ja: musste, so müssen sich heute die Antipoden der Klimaproteste an den Forderungen und am Personal derselben abarbeiten, auch an der Ikone dieser Bewegung und ihrem Charisma, auf das ich im folgenden Kapitel zu sprechen komme. Das Ironische daran: Wie Botho Strauß ein 68er wider Willen ist, sind auch heutige Gegner des Klimaprotests Teil der »Generation Greta«, wenn auch Generation hier nicht stimmt und sich nicht alles auf die schwedische Jugendliche fokussiert. Womöglich lässt sich so auch das wechselseitige Steigerungsverhältnis von Selbst- und Fremdzumutungen gegenüber Identitäten verstehen: So werden urbane Mittelschichten identitärer, als man denkt, und Identitäre pochen auf die Emanzipation von Identitätsangeboten.

Ich muss mich auch hier wiederholen, denn Vorsicht ist geboten: Hier geht es nicht um eine inhaltliche Gleichsetzung, nicht darum, zu behaupten, alles sei von gleicher Art. Der Emanzipationsversuch von Minderheiten ist etwas anderes als der Exklusionsversuch von identitären Ausschließlichkeitsansprüchen. Aber die Formen gleichen sich strukturell an, weil sie sich mit den gleichen Mitteln innerhalb der Gesellschaft um Aufmerksamkeit, Informationswerte und nicht zuletzt um Gefolgschaft bemühen müssen, indem sie sich auf sich selbst als Protest, als plakative Behauptung der eigenen Position beziehen.

Gelungener Protest wirkt also wie ein Themengenerator, er infiziert die gesellschaftliche Kommunikation gewissermaßen mit einem Thema, das sich dadurch etabliert und die unterschiedlichen Instanzen und Institutionen der Gesellschaft zur Stellungnahme zwingt. Letztlich sind Proteste also Seismografen für anschlussfähige Themen in der Gesellschaft. Bisweilen entsteht sogar so etwas wie eine Korrespondenz von Protesten an einem Thema. Man denke etwa an die Demonstrationen während des hohen Flüchtlingsaufkommens 2015/16 im Sinne der »Willkommenskultur« und die korrespondierenden rechten Proteste, für die *PEGIDA* nur der sinnfälligste Ausdruck ist. Hier formierte sich Protest dann vor allem als eine kontinuierliche Zunahme fluchtskeptischer und -feindlicher Stimmungen, die exakt das an sich selbst zu erleben glaubten, was die Funktionsstelle des Protests ausmacht: dass sich der eigene Wille und die eigene Vorstellung nicht in den verfahrensförmigen Institutionen erreichen lassen. Man kann daran sehen, dass solche Zurechnungen gar nicht stimmen müssen, vielmehr dienen gerade an diesem Beispiel die Elitenkritik, der Hass auf alles Verfahrensförmige und die generelle Kritik an den bürgerlichen Institutionen der Gesellschaft als proteststabilisierender Faktor, was im Übrigen über die politischen Grenzen ein gemeinsames Motiv von Protestformen ist. Jedenfalls wird hier deutlich, wie sehr Protest ein Thema generieren kann, dem die gesellschaftliche Selbstbeschreibung nicht ausweichen kann.

Man kann wohl schon an der Kontinuierung von Protestformen erkennen, dass hier offensichtlich eine Problemlage in der Gesellschaft getroffen wird. Wenn die These stimmt, dass

Protest vor allem gegen die Routinen gesellschaftlicher Problembearbeitung und ihrer etablierten Formen opponiert, dann ist dies ein Hinweis darauf, dass sich bestimmte Problemlagen nur so innerhalb der Gesellschaft behaupten können. Die eine Technik, dies zu erreichen, ist, Themen zu setzen, an denen Gruppen von Menschen andocken können, die keine besonders starke Kohäsion aufweisen müssen, deren Verbindung gewissermaßen monothematisch sein kann. Man denke etwa an die Solidaritätsproteste für Flüchtlinge oder eben auch an *Fridays for Future*. Sicher liegen hier ähnliche Milieulagen vor, aber letztlich sind die Beteiligten zu heterogen, um eine soziale Gruppe darzustellen. Die zweite Technik ist die Niedrigschwelligkeit des Zugangs. Proteste sind keine Organisationsformen mit stabilen Mitgliedschaftsrollen, sondern eher Netzwerke mit loser Kopplung und fluiden Mitgliedschaftsformen.

Beide Techniken zusammengenommen vermitteln ein Bild von Instabilität und Flüchtigkeit, was aber als Stärke ausgelegt werden muss, denn ohne diese beiden Formen der Fluidität könnten Proteste nicht gegen die eingefahrenen Routinen der Gesellschaft protestieren. Ein Charakteristikum von Protest ist deshalb auch so etwas wie Unverhältnismäßigkeit und eine Form ungerechter Zuschreibungen. Dass sich für den Klimawandel alles und sofort ändern soll und dass es eine ganze Generation sei, die die Lebensgrundlagen der Protestierenden zerstöre, ist eine eklatante Übertreibung, aber diskursstrategisch die einzige Möglichkeit, genügend Attraktivität, genügend Charisma aufzubauen, um Protest zu bleiben und nicht wie eine reizlose Arbeitsgruppe eines Ministeriums zu klingen, in der die Ausführungsbestimmungen für die Erreichung eines bestimmten Zieles diskutiert werden. Die Unverhältnismäßigkeit ist es, die den Protest als solchen zurechnungsfähig macht. Diese Unverhältnismäßigkeit ist die große Stärke von Protest, der sich – nach meinem Definitionsvorschlag – weigert, sich den klassischen Routinen des Entscheidens, der Kompromisse und des Kleinarbeitens von Problemen zu unterwerfen. Diese große Stärke – das Fluide, das Niedrigschwellige und Bewegungsförmige – des Protestierens ist zugleich seine größte Schwäche und Gefahr.

Charisma und das Zeitproblem des Protests

Die große Stärke des niedrigschwelligen Zugangs zu Protestbewegungen erzeugt eine Schwäche, die mit der Zeitstruktur zu tun hat. Wie kann sich eine Bewegung gegen Zerfall schützen, wie kann sie sich selbst kontinuieren? Die klassischen institutionellen Routinen der Gesellschaft, gegen die sich nach meinem Verständnis Protest vor allem richtet, bestehen nicht nur aus Konditionalprogrammen, sondern auch aus Zeitprogrammen. Es sind insbesondere Verfahren oder organisatorische Abläufe, Arbeitsteilungen, Zuständigkeiten, bürokratische Prozesse, institutionelle Zyklen usw., die als Energieprogramme für die Aufrechterhaltung von genügend Zeit sorgen, um gesellschaftlichen Sinn, Informationen, Störungen, Interessendifferenzen, Machtasymmetrien usw. zu verarbeiten. All das lässt sich auf Dauer stellen, verlangsamen, sogar unterbrechen und wieder aufnehmen.

Protest dagegen muss sich aus sich selbst heraus kontinuieren. Zwar gibt es auch Versuche, Protestbewegungen zu organisieren, professionell durch entsprechende Öffentlichkeitsarbeit und Kampagnendesign zu begleiten. Es gibt dafür sogar Anbieter wie etwa Campact, eine Agentur zur Beförderung von Protestformen, deren besondere Leistung im Design eines anschlussfähigen Wordings, vor allem aber der Kontinuierung von Aufmerksamkeit liegt.[65] Aber das entscheidende Movens einer Bewegung ist die niedrigschwellige Teilnahme nicht organisierter Mitglieder, deren Mitgliedschaftsstatus sich von dem einer klassischen Organisation, etwa einer Partei oder eines Verbandes, grundlegend unterscheidet.

Das Mitgliedschaftsmerkmal ist die konkrete Teilnahme – an Verlautbarungen, an Versammlungen, an Demonstrationen und ähnlichen Aktivitäten, Teilnahmeformen ohne Kontroll- und Sanktionsmöglichkeiten und ohne unmittelbare Verpflichtung. Protest lebt deswegen, wenn man es in den Begriffen von Max Webers Herrschaftssoziologie ausdrücken will, nicht von der rationalen Mitgliedschaftsbewirtschaftung bürokratischer, also organisatorischer Herrschaft, die ihre Mitglieder konkret verpflichten kann, sondern eher durch so etwas wie charismatische Motivierung. Max Weber hat die charismatische Herrschaft als eine Form beschrieben, die eben nicht wie die bürokratische Herrschaft nach gesatzten Regeln, also auf Satzungen beruhenden Verfahren, und einem geordneten Verpflichtungskanon funktioniert, sondern durch die unbedingte Bereitschaft, einer charismatischen Person zu folgen, und zwar um der Person selbst willen. Er schreibt: »›Charisma‹ soll eine außeralltäglich […] geltende Qualität einer Persönlichkeit heißen, um derentwillen sie als mit übernatürlichen oder übermenschlichen oder mindestens spezifisch außeralltäglichen, nicht jedem anderen zugänglichen Kräften oder Eigenschaften begabt oder als gottgesandt oder als vorbildlich und deshalb als ›Führer‹ gewertet wird.«[66]

Webers Idealtyp der charismatischen Herrschaft zielt unmittelbar auf Religionsstifter oder Revolutionäre, die unbedingte Gefolgschaft einfordern können und sich damit sowohl der Tradition als auch dem gesatzten Recht entziehen. Diese überspitzte Formulierung beschreibt selbstverständlich nicht das, was hier als Protest und Protestbewegung verhandelt wird. Aber es sind zwei Elemente, die in Max Webers Beschreibung von Charisma für ein Verständnis von Protest sehr nützlich sind. Es ist zum einen die Idee des Charismas selbst sowie, zum anderen, das Verhältnis von Alltäglichem und Außeralltäglichem. Charisma lebt von Qualitäten, die sich aus sich selbst ergeben. Weber hatte dafür den Religionsstifter im Sinn, der qua Person für das steht, worum es geht. Ein Religionsstifter muss keine theologische Abhandlung präsentieren, die eine Bewegung erst nach Lektüre aller verfügbaren Rezensionen in Kraft setzt. Der Charismatiker sollte gar nicht viel erklären müssen, sondern unmittelbare Plausibilität ausstrahlen. Nur so ist eine niedrigschwellige Gefolgschaft zu erwarten – und exakt das ist eines der Merkmale von kollektiven Protestformen. Es braucht dafür nicht unbedingt eine charismatische Führerfigur, aber es braucht durchaus eine charismatische Situation, in der diese für sich selbst spricht.

Im Falle von *Fridays for Future* gibt es eine solche Figur, der ohne Zweifel ein entsprechendes Charisma zugeschrieben wird, in manchen Formulierungen der veröffentlichten Meinung bis in religiöse Formulierungen hinein. Allerlei Erlösungsfantasien waberten durch die Öffentlichkeit, Greta Thunberg wurden tatsächlich geradezu außeralltägliche Fähigkeiten zugeschrieben. Der Charismahunger, wie Erik H. Erikson dieses Phänomen genannt hat,[67] reagiert darauf, dass sich Ziele nicht so einfach erreichen lassen, wie man es gerne hätte – was ja gerade das *Definiens* des Protests ist. Insofern ist die Figur Thunberg eine Reaktion auf dieses Bedürfnis nach Symbolkraft, nach einer Symbolkraft, der Charismatisches zugesprochen werden kann. Im Falle der Klimabewegung ist es tatsächlich eine Person – aber andere Protestformen nutzen andere charismatische Potenziale. Nicht zufällig sind es oft popkulturelle Elemente, die in Protestformen auftauchen, mitreißende Stimmungen, beeindruckende Reden, intensives Gemeinschaftserleben oder starke Posen.

Protest lebt in der Tat oft von einer starken posenhaften Form, die erst den charismatischen, den kairologischen Charakter einer Situation ermöglicht. Proteste nutzen tatsächlich Posen performativ als einen Ausdruck von Haltung, Dazugehörigkeit und Verhaltensstabilisierung. Man denke an bestimmte skandierbare Sätze, an Symbole wie Fahnen und Plakate, aber auch an Sprechweisen, oftmals unterlegt mit popkulturellen Musikformen. Für die 68er-Bewegung kann man zeigen, dass die besondere Bedeutung der Popkultur, insbesondere der Popmusik auch darin liegt, von Reflexion zu entlasten. Diese Generationslage war stark geprägt von einer geradezu überbordenden Reflexionslust – einer Theoretisierung von Lebenslagen, der kommunikativen Verflüssigung von Bedeutungen, auch der Fetischisierung von Nein-Stellungnahmen und Kritik. Parallel zur Bildungsexpansion erfolgte eine Reflexionsexpansion mit erheblichen Wirkungen auf gesellschaftliche Routinen, auf soziale Aufstiegsmöglichkeiten, auf kulturelle Liberalisierungen von Lebenswelten, vor allem aber auf die Inklusion von zuvor weniger inkludierten Bevölkerungsgruppen – vor allem bildungsferner Schichten und Frauen.[68]

Popkultur ist das Gegenteil von Reflexion – sie entlastet von Reflexion, ist aber doch in der Lage, eine Haltung, eine Position, sogar eine Idee performativ zu verkörpern. Bezogen auf die Popmusik beschreibt Diedrich Diederichsen die Pose als eine nichtdiskursive Form der Bedeutung, die sich ereignen muss, die performativ hergestellt werden muss, die gewissermaßen aus der charismatischen Situation entsteht. »Die Konstante, der stabile Referent, den solche Transportaktivitäten brauchen, sind Posen – also durch Bilder und klanglich übermittelte Körperlichkeiten dokumentierte und so bezeugte Haltung.«[69] Solche Haltung gewinnt ihre Plausibilität vor allem durch das Absehen von Gründen, man könnte fast sagen: Sie minimiert das Risiko von Nein-Stellungnahmen. Die Nein-Stellungnahme des Protests sichert sich ihre Permanenz, löst also ihr Zeitproblem durch die performative Vermeidung von interner Reflexion, was ja nur wieder Nein-Stellungnahmen erzeugen würde. Deshalb gehört zur Protestpose zum einen die vor allem körperliche Form von Präsenz, gehören sichtbare posenhafte Verhaltensweisen und nicht zuletzt die Diskursvermeidung. All dies sind Charakteristika popkultureller Performanzen – die laut Diederichsen beim Popstar zu einer Verschmelzung von Rolle und Person führen und im Sinne der charismatischen Elemente von Protest zu einer völligen Unmittelbarkeit der Situation, die erst jene niedrigschwellige Form der Teilnahmemöglichkeit schafft.

Wie Popkultur ganz ohne Zugangsvoraussetzungen erreichbar ist, ist Protestgeschehen, zumindest in ihren charismatischen Elementen, eine Form niedrigschwelliger Erreichbarkeit.

Um nicht falsch verstanden zu werden: Die Grundlage von Protest und Kritik ist nicht nur oft, sondern meistens das Ergebnis von Reflexion, von Nein-Stellungnahmen eben, die ohnehin eine höhere Begründungspflicht haben als der affirmative Anschluss an das Vorherige. Aber Protest selbst, vor allem die Bedingung seiner Verbreitung und performativen Gestalt, ist auf eine starke Protestpose angewiesen. Man konnte das sehr deutlich an der Protestgeneration nach 1968 ablesen, deren Protesthabitus sich geradezu verselbständigt hat und zur Tradition gerann. Man kann es aber auch heute etwa bei den *Fridays for Future*-Demonstrationen sehen, übrigens ebenfalls ein Protest, der aus einem eher bildungsnahen Milieu stammt, für das Popkultur tatsächlich eher Reflexionsentlastung ist als Protestmedium. Das Posenhafte des Protests hat dann die Funktion, sich wechselseitig darin zu bestätigen, in der Haltung dem Rest der Gesellschaft überlegen zu sein. Am deutlichsten wird das sicher in Protestformen, bei denen es um die *Eschata* geht, um die letzten Dinge, um die Zerstörung des Ganzen, um den Untergang, um kurz danach wieder in dieser Welt der vorletzten Dinge zu leben. Protestposen sind am plausibelsten dort, wo man tatsächlich geradezu eschatologische Szenarien malen kann – und das bedeutet, dass es dann in jedem Detail ums Ganze geht, gerade weil die Pose von genauer Begründung entlastet – auch hier findet man übrigens Beispiele aus allen Spektralfarben des Politischen. Die charismatische Pose verpflichtet dann eher performativ als kognitiv und kann das Problem der Kontinuierung gut lösen.

Zur Vorsicht sei angeraten, die Assoziationen beim Lesen nicht nur auf die eigene Protestgeschichte zu beziehen, in der man selbstverständlich immer zu den Guten gehört. Die identischen Mechanismen gelten immer auch für die Bösen – die ja bekanntlich immer die anderen sind. Auch eine *PEGIDA*-Kundgebung erzeugt eine charismatische Situation, die wohl darin besteht, mit großem Genuss Sätze zu hören, die nicht sagbar sind, die den bürgerlichen Comment längst verlassen haben und von denen man exakt dies weiß. Und auch die allgemeine rechte Protesthaltung gegen die Institutionen des Staates, gegen demokratische Verfahren, gegen Angela Merkel als Symbol für all das, zielt auf Erlebnisförmigkeit und Genuss an der Sagbarkeit von Unsagbarem. Sie erzeugen eine besondere Pose, die sich tatsächlich wie popkulturell aus sich selbst heraus versteht und eine Situation schafft, in der die Haltung sich gewissermaßen von ihrer Begründung emanzipieren kann.

Die Frage der charismatischen Person oder Situation ist freilich nur das eine Element, das sich aus Max Webers Charismatheorie zum Verständnis von Protest und seinen Bewegungen nutzen lässt. Das andere, ebenso wichtige, ist die Figur des Außeralltäglichen. Ich wiederhole noch einmal meine These: Protest opponiert gegen das institutionalisierte Kleinarbeiten einer modernen Gesellschaft und schafft damit schon von selbst eine Form des Außeralltäglichen, die durch Charismatisches beflügelt und befördert wird, durch Übertreibung ebenso wie durch eine Haltung der Unbedingtheit und der emotionalisierenden Sicherung von Gefolgschaft. Worauf Max Weber aber hinweist, ist das Problem der Veralltäglichung des Charismas, also der Kontinuierung einer außeralltäglichen Situation unter den Bedingungen des Alltags.

Es ist wahrscheinlich das Problem aller charismatischen Bewegungen, die Differenz von Außeralltäglichem und Alltag, von Kairos und Chronos einzuholen. Das Alltägliche holt die religiöse Bewegung durch so etwas wie Kirchenbildung ein und die politische Revolution durch Staatsbildung – übrigens beides oftmals schnell Gegenstand von Protesten, weil exakt das einsetzt, wogegen sich die religiöse oder politische Bewegung wandte: das Kleinhäckseln von Nein-Stellungnahmen in institutionellen Verfahren und arbeitsteiligen Routinen.

Protestformen haben das Problem, dass sie sich aufgrund ihrer losen Organisation, ihrer »Haltlosigkeit«, vor allem selbst stabilisieren müssen. Sie haben selten Auswege in die Veralltäglichung. Interessanterweise zeigen die beiden Antipoden – die Freitagsdemonstrationen und *PEGIDA* – Parallelen auf: Sie stabilisieren sich durch die wöchentliche Wiederholung von charismatischen Situationen, wobei *PEGIDA* weitgehend ein lokales Phänomen geblieben ist. Generell kann aber diagnostiziert werden, dass Protestformen eine auf die konkrete Gegenwart bezogene Zeitstruktur haben, selbst wenn ein gewisser Organisationsgrad bei der Planung von Veranstaltungen Kontinuität bringt.

In einer lesenswerten Studie beschreiben Lars Geiges, Tobias Neef und Pepijn van Dijk das Problem der Aufrechterhaltung von Spannung, individueller Teilnahmebereitschaft, Charisma der Situation, Motivation und Selbstwirksamkeitsgefühl am Beispiel der *Occupy*-Bewegung. Ich zitiere ausführlich:

> »Nach innen stellte sich das Leben im Camp äußerst anspruchsvoll dar, erforderte von den Aktiven viel Zeit, Flexibilität, Toleranz, auch Widerstandsfähigkeit gegenüber Wind und Wetter. Alltag und Kommunikationsformen im Lager hatten daher auf weite Bevölkerungskreise ausschließenden Charakter. Hinzu kam, dass die aus politischen Motiven vereinnahmten Orte nach kurzer Zeit einen Personenkreis anzogen, dem es nicht oder nur nachrangig um politisches Engagement ging. Soziale Spannungen waren programmiert, traten in allen Camps in unterschiedlicher Ausprägung auf, wobei der Umgang mit ihnen wiederum häufig neue interne Diskussionen auslöste. Schon sehr früh nach der Errichtung der Zeltstädte setzte diese Ausdifferenzierung ein bei gleichzeitiger Homogenisierung von Aktivistengruppen. Es bildete sich jeweils ein ›harter Kern‹, in dem Entscheidungen vorangetrieben wurden. Vor allem dieser kleine Teil von Aktivisten verblieb erstaunlich lange in den Camps und ihrem näheren Umfeld. Die gesammelten Erfahrungen hatten auf sie eine immense sinnstiftende Wirkung, prägend für das Leben, wie sie sagten. Doch Camp und Bewegung wurden dabei auch überhöht. Und Kritik von außen verstand man oft als Bestätigung der eigenen Relevanz.«[70]

Hier wird das Zeitproblem des Protests sehr transparent, weil dieser *Occupy*-Protest schon durch die eigene Organisationsform versucht hat, sich eine kontinuierlichere Form zu geben, indem sie einen Ort besetzt, auf dem der Protest persistieren kann, aber einerseits die inneren Kontinuitätsbedingungen der charismatischen Situation auf Dauer stellen und sich dafür andererseits von außen abgrenzen muss. Er nimmt also an sich wahr, wie schwierig es ist, die eigene Wirksamkeit überhaupt registrieren zu können.

Auch am Beispiel der 68er-Proteste lässt sich deutlich sehen, wie Protest am Ende wirksam wird, wenn er es tatsächlich schafft, in die veralltäglichten Strukturen der Gesellschaft einzudringen. Selten lassen sich die Kausalitäten dabei eindeutig bestimmen. Ohne Zweifel haben die kulturelle Pluralisierung der Gesellschaft und die Politik des sozialen Aufstiegs in den 1970er-Jahren unmittelbar etwas mit den 68er-Protesten zu tun. Aber, wie schon erwähnt, kann man nicht sagen, dass die Proteste diese Veränderungen tatsächlich hervorgebracht haben. Vielmehr wurden die Themen dann erfolgreich, als sie durch gesellschaftliche Instanzen aufgenommen wurden, was in den 1970er-Jahren vor allem eine Politisierung von Inklusion durch den Wohlfahrtsstaat und die Bildungsexpansion bedeutete. Man kann diese Politisierung von Inklusion als eine Art Übersetzung politischer Protestformen in staatliche Inklusionsvermittlung bezeichnen. Die sozialen Bewegungen der westlichen Moderne – Arbeiterbewegung, Bürgerrechtsbewegung, Frauenbewegung, Friedensbewegung, Umweltbewegung, Homosexuellenbewegung usw. – wurden von den Institutionen und Funktionssystemen der modernen Gesellschaft produktiv aufgenommen. Sie mündeten nicht in großflächigen Protesten und revolutionären Situationen, sondern im Gegenteil zu unsichtbaren, geradezu als selbstverständlich empfundenen Entscheidungen. Meine oben schon gebrauchte Formulierung, dass der Staat westlichen Typs in der Lage war, *visionären Protest in die Form des Verwaltungsaktes* zu bringen, meint exakt das: eine Form der Veralltäglichung der charismatischen Elemente von Protest, die damit erfolgreich und desillusionierend zugleich waren.[71]

Am Schicksal der grünen Partei lässt sich das ebenfalls zeigen: Angefangen als ausstrahlungsstarke Protestpartei, die alles sein wollte, nur keine Partei, und ausgestattet mit wirklich charismatischen Figuren – wer erinnert sich noch an Petra Kelly? –, war sie erst erfolgreich, als sie begonnen hatte, wie eine bürgerliche Partei auszusehen, die sich auf das Zergliedern des visionären Protests in verwaltungsförmige Entscheidungsvorlagen eingelassen hat. Bei der zweiten erfolgreichen Parteineugründung in der Geschichte der Bundesrepublik – sieht man von der Linkspartei als einerseits Abspaltung von der SPD, andererseits als der Nachfolgeorganisation der DDR-Staatspartei SED ab – befinden wir uns noch in der Phase des Charismatischen. Die AfD lebt derzeit davon, sich vor allem an der charismatischen Entfaltung der Sagbarkeit von Ungeheuerlichkeiten auf der Straße, im Netz und in den Parlamenten zu orientieren. Deshalb gelingt es ihr auch (noch) nicht, jene Übersetzungsleistung zu schaffen – was angesichts des Personals zurzeit auch wenig wahrscheinlich wirkt. Eine Garantie, dass ihr das nicht gelingen wird, ist das (leider) nicht.

Die Steigerungslogik des Protests und die Attraktivität von Gewalt

Eine der häufigsten Charakterisierungen in der öffentlichen Berichterstattung lautet, der Protest sei gewaltfrei gewesen, was für die allermeisten Protestformen in der Tat gilt. Dass auf die Gewaltfreiheit immer wieder und auch ohne Aufforderung hingewiesen wird, kann nur damit zu tun haben, dass dies offensichtlich einen Informationswert hat, denn Protest hat ohne Zweifel eine strukturelle Nähe zur Gewalt, was durch zwei Elemente zu erklären ist: Das eine hat etwas mit der Steigerungslogik des Protests, das andere mit der Funktion von Gewalt zu tun.

Administrative Formen der Bearbeitung von Nein-Stellungnahmen finden ihre logischen Grenzen in sich selbst – und wirken deshalb für die meisten Anliegen so aussichtslos und unbefriedigend. Protest dagegen wird allein in der Motivation zur Partizipation begrenzt, sodass diese entsprechend gesteigert werden muss – durch Betroffenheit oder medial erzeugte Affektion oder dadurch, die Drastik der Diagnose oder der Forderung zu erhöhen. Die studentischen Proteste der 68er steigerten sich irgendwann in eine radikale, unversöhnliche Faschismusdiagnose der Gesellschaft, Alternativbewegungen ab den 1970er-

Jahren steigerten sich in die völlige Ablehnung bürgerlicher Lebensstile, die Friedensbewegung imaginierte eine radikale Kriegsgefahr, die bis in die Inszenierung von Angst und Panik reichte. Die Ökologieproteste seit den 1980er-Jahren gingen von der unmittelbar bevorstehenden Zerstörung unserer Lebensgrundlagen aus. Die heutigen Klimaproteste steigern sich bisweilen bis in die Beschwörung von Panik hinein, und inzwischen machen sich (noch nicht durch Forschung gesicherte) Diagnosen einer Psychodynamik radikaler Untergangsängste breit, die etwa in der zum Teil esoterischen Bewegung *Extinction Rebellion* ihren Ausdruck finden.[72] Antikapitalistische Proteste der Nullerjahre wie *Occupy* steigerten sich in eine extreme monokausale Erklärung allen Übels in der kapitalistischen Wirtschaft.[73] Die Gelbwestenbewegung in Frankreich dehnte sich von mittelschichtsgetragenen Verbraucherprotesten zu einer unversöhnlichen Systemkritik aus.[74] Linke gewaltbereite Gruppen nehmen größere Protestereignisse, wie etwa den G-20-Gipfel 2017 in Hamburg zum Anlass für eine gewaltsame Begleitung friedlichen Protests. Und die Steigerungslogik rechtspopulistischer Proteste besteht darin, eine Islamisierung Europas imaginieren zu können, vor allem dort, wo es kaum Islamisches gibt.

Diese Steigerungslogiken zeigen sich vor allem in einer Art semantischer Aufrüstung, was einerseits das Charismatische der Situation durch Emotionalisierung stärkt, andererseits zu besonders mobilisierenden Verschärfungen von Diagnosen führt. Man kann das, wie es Peter Felixberger im *Kursbuch 200* formuliert hat, auf die Formel bringen: »Seit ich lebe, geht die Welt unter.«[75] Das ist keine zynische Verhöhnung von Missständen oder legitimen und weniger legitimen Protestzielen, sondern ein Hinweis darauf, wie sich die Protestgeschichte auch als Steigerungsgeschichte von Semantiken beschreiben lässt. Und in der Tat haben sich bei einigen Protestthemen Untergangsszenarien etabliert, die aufgrund der charismatischen Situation durchaus einen Spagat zwischen außeralltäglichem Protest und alltäglicher Lebensführung ermöglichen. Es ist offensichtlich möglich – so zeigt sich an den Klimaprotesten –, an einem Tag den Untergang der Welt zu behaupten, zum »letzten Gefecht« anzuheben, sich zumindest an Protestformen beteiligen zu können, die solche eschatologischen Formulierungen verwenden, am nächsten Tag dann aber einen Alltag zu führen, von dem all dies relativ abgespalten bleibt – abgesehen davon, dass die Zahl von Protestierenden kleiner ist als ihre mediale Sichtbarkeit.

Das ist nicht als entlarvende Kritik gemeint, sondern bildet einen sehr erwartbaren Befund ab, der viel mit der Musterhaftigkeit unseres Verhaltens, der Stabilität gesellschaftlicher Strukturen und der Differenzierungsform der Gesellschaft zu tun hat. Diese Stabilität der Gesellschaft und der Eigensinn ihrer Routinen sind es gerade, was Proteste nötig macht, weil sich die gesellschaftliche Selbstbeschreibung eben nur von außerhalb der normierten Routinen irritieren lässt – wie oben mit Niklas Luhmann beschrieben: Protest als eine Kritik, als ob sie von außen komme. Dass dies bei Protestierenden selbst zu einer Abspaltung unterschiedlicher Motive – radikale Protestsemantik, affirmative Lebensform – führt, ist Ausdruck einer Gesellschaft, in der wir daran gewöhnt sind, dass die Dinge in unterschiedlichen Gegenwarten durchaus Unterschiedliches bedeuten. Das ist eine Voraussetzung dafür, in einer komplexen, funktional differenzierten und auf Rollenpluralismus setzenden Gesellschaft leben zu können.

Begonnen haben die Klimaproteste vergleichsweise moderat, und im Hinblick auf die Altersgruppe der Teilnehmerinnen und Teilnehmer der Demonstrationen zwar mit deutlichen Diagnosen, aber doch mit einer vertrauensvollen Form der Zurechnung: Es war kein genereller Protest gegen die gesellschaftlichen Instanzen, sondern eher eine Adressierung der Institutionen und der Elterngeneration, die Probleme mit dem Klima zu lösen und damit eben auch gut kompatibel mit den übrigen Rollen, die die Protestierenden auszufüllen haben. Sicher hat das mit dem Mittelschichtsmilieu von Schülerinnen und Schülern zu tun. Aber mit der großen Anschlussfähigkeit der Bewegung und nicht zuletzt mit der Erfahrung, dass die adressierten Instanzen die Forderungen schlicht nicht erfüllen können, entsteht eine selbstbewusstere Form der Kommunikation, eine semantische Steigerung des Tons und nicht zuletzt eine radikalere Diagnose. Die gerade erwähnte, international agierende Gruppe *Extinction Rebellion* etwa ist erheblich radikaler – sowohl was die Mittel des Protests angeht, noch mehr aber im Hinblick auf das semantische Rüstzeug. Mit eschatologischen Slogans und esoterischen Happenings reagiert diese Gruppe durch posenhafte Inszenierungen und kompensiert die potenzielle Enttäuschung der Nicht-Durchsetzbarkeit starker Forderungen in einer differenzierten Gesellschaft.

Eine Steigerungslogik lässt sich auch an Protestparteien wahrnehmen, selbst wenn sie in Parlamente gewählt werden. Rekonstruiert man den Weg der AfD von ihrer Gründung 2013 bis heute, so ist das eine Geschichte der semantischen Radikalisierung.[76] Protestpartei ist die AfD, weil sie explizit gegen das »System« gerichtet ist, gegen die Eliten, gegen etablierte Institutionenordnungen, sogar gegen manche institutionalisierten Verfahren. Als Protestpartei kann sie letztlich von ihrer Radikalisierung profitieren. Wer erwartet hatte, dass etwa die Radikalisierung eines waschechten Rechtsextremisten wie Björn Höcke gemäßigte Wähler abschrecken könnte, muss sich eines Besseren belehren lassen, denn es ist ja gerade die Logik dieser Protestform, dass die Anhängerschaft stärkere Dosen braucht. Es gibt eine direkte lineare Logik von dem etwas verschrobenen Parteigründer Bernd Lucke hin zu veritablen Faschisten wie Höcke, die das Kampagnengeschäft gelernt haben – über die politischen Grenzen hinaus. Deren Idee von *Provokation*[77] spielt mit dieser Protestlogik und ihren Mobilitätspotenzialen, die sich ihre Erfolgsbedingung bei linken Protestformen früherer Generationen abgeschaut hat – und dies ist ein wichtiger Hinweis darauf, dass sich eine Analyse der Logik von Protest von seinen inhaltlichen Zielen zunächst distanzieren muss, weil die soziale Struktur und Dynamik durchaus ähnlich sind.

Die Steigerungslogik von Protest korreliert direkt mit der Erfahrung, dass sich die Ziele des Protests nicht in der Form umsetzen lassen, die dieser anstrebt. Will man diesen Gedanken formalisieren, kann man ihn in folgendes Bild bringen: Um weitere Informationswerte zu generieren, müssen Nein-Stellungnahmen das Nein fortwährend verstärken, ohne direkte Wirkung auf den Kommunikationsverlauf zu nehmen. Die semantische und emotionale Steigerung und Eskalation von Protesten dient dann dazu, das Charismatische so weit zu dehnen, dass es noch anschlussfähig bleibt. Andernfalls fällt Protest in sich zusammen und löst sich in Frustration auf – oder eskaliert.

Aus der Steigerungslogik des Protestierens folgt auch der Zusammenhang zur Gewalt. Die wenigsten Protestformen sind gewaltsam, und wo es zu Gewalt kommt, ist es zumeist nur eine Minderheit, die sie anwendet – man denke etwa an das Zahlenverhältnis von gewalttätigen und friedlichen Demonstranten beim G-20-Gipfel in Hamburg. Gewalt gehört zur Steigerungslogik von radikalem Protest. Es gibt selbstverständlich eine direkte Linie von der 68er-Bewegung zur RAF oder von einer rechten Protestszene zu den Mördern des NSU oder der Etablierung rechtsradikaler Sprechweisen durch die AfD zu Anschlägen auf Asylunterkünfte, Shisha-Bars oder zu antisemitischen Anschlägen, um die extremsten Formen zu nennen. Ohne eine solche in Protestmilieus beheimatete Unterstützerszene wären solche Taten undenkbar. Und wenn das auch eher einen Bruchteil der Aktivitäten darstellt, gibt es doch eine innere Logik.

Gewalt hat etwas Attraktives, denn Gewalt kann etwas simulieren, wonach Protest zumeist vergeblich sucht: unmittelbare Wirkung. Nach einer sehr plausiblen These von Jan Philipp Reemtsma[78] sind Adressaten der Gewalt vor allem Dritte. Es geht um vorgeführte Gewalt, die sich weniger an das konkrete Opfer wendet als an Beobachter, denen vorgeführt werden kann, dass man Gewaltpotenziale besitzt. Dabei ist die Frage, ob es nur Gewalt gegen Sachen oder auch unmittelbar gegen Menschen ist, kein wirklich systematischer Unterschied. Es geht vielmehr darum, das Medium der Gewalt vorzeigen und in Stellung bringen zu können.

Gewalt entfaltet eine Attraktivität der Tat. Körperliche Gewalt ist deshalb attraktiv, weil sie die Zeit verkürzt, unmittelbare Wirkungen zeitigt, und zwar solche, die man durch Kommunikation, durch Argumente nicht mehr zurücknehmen kann. Sie entzieht sich der prinzipiellen Ja/Nein-Codierung der Sprache. Man kann Gewalt nicht widersprechen. Man muss sie nicht auslegen, interpretieren oder deuten. Sie setzt absolute Markierungen in die Welt. Sie muss sich nicht um ihre angemessene Repräsentation bemühen. Sie bietet nur wenige hermeneutische Probleme. Anders als das Wort steht die Gewalt nicht für etwas anderes, sondern Gewalt ist, was sie tut. Letztlich ist sie eine Verzweiflungstat – weil sie zeigt, dass der Protest gescheitert ist, und deshalb ist auch das Vorzeigen des Gewaltmonopols bei Protestformen kein Zufall, sondern der systematische Ausdruck einer Gesellschaft, die dem Protestierenden sagt, dass er eigentlich keine Chance hat, mit den Mitteln des Protests zu erreichen, was er vorhat. Und dass auch polizeiliche Strategien in solchen Situationen oftmals einer Steigerungslogik unterliegen, hat auch damit zu tun, dass sich in gewalttätigen Protesten die Unmöglichkeit und Unfähigkeit der staatlichen Ordnung zeigt, die gesellschaftliche Herausforderung von Konfliktbearbeitung zu absorbieren. Diese Andeutungen haben nichts mit der Frage der Legitimität von Gewalt oder sonstigen Rechtfertigungen zu tun, sondern zeigen nur an, dass die Wahrscheinlichkeit des Umkippens von friedlichem Protest in physische Gewalt auch auf der anderen Seite erwartet wird und entsprechende mehr oder weniger vorgezogene Reaktionsmuster erzeugt. Es gehört zu den Ritualen nach gewaltsamen Protestereignissen, zu benennen, welche Seite die letzte Eskalationsstufe ausgelöst hat.

Dass Protestformen in Gewaltnähe geraten, scheint unvermeidlich zu sein, auch wenn wohl die allergrößte Mehrheit von Protestierenden keinerlei Gewaltintentionen hat – aber nicht umsonst gehört zur Selbstorganisation von Demonstrationen sehr oft so etwas wie eine Vorbereitung zur Gewaltlosigkeit, um der eigenen intendierten Gewaltlosigkeit auch *in actu* wirklich trauen zu können oder Handlungen von anderen, etwa der Polizei, nicht als gewaltsame Provokation zu interpretieren, gegen die man dann vorgehen muss. Es ist sehr interessant, wie die Betonung von Gewaltlosigkeit darauf verweist, dass Gewalt immer im Horizont des Protests liegt.

Die simulierte Unmittelbarkeit von Gewalt steht letztlich ihrer Logik entgegen: Sie entsteht, weil der Protest sich nicht als solcher durchsetzen kann, gibt dabei aber eben dies vor: Durchsetzbarkeit, wenigstens für den Moment. Man kann das, wie etwa Ferdinand Sutterlüty, aus der Situationslogik heraus erklären: »Gewalthemmende Normen werden bei Riots ebenso zeitweilig suspendiert wie die Achtung vor dem Eigentum anderer, was gewalttätige Angriffe, Plünderungen und Brandstiftungen durch Menschen ermöglicht, die unter anderen Umständen kaum zu solchen Handlungen fähig wären.«[79] Die erklärende

Variable ist also hier nicht so etwas wie eine prinzipielle Gewaltbereitschaft bestimmter Personengruppen oder gar eine explizite Intention zur Gewaltbereitschaft, sondern die Logik einer eskalierenden Situation, in der sich exakt das ereignet, was ich bereits als die Tragik des Protests angedeutet habe: die Unmöglichkeit, in dem Maße erfolgreich zu sein, wie man es gerne hätte.

Tragik und Eskalation liegen nah beieinander. Die Eskalation, unabhängig von Gewalt, ist Ausdruck dessen, dass der Gegenstand nicht handhabbar oder kontrollierbar ist. Sie kann sich in eine Situation steigern, bei der die Intensität des Engagements und die Erreichbarkeit von Zielen ein umgekehrt proportionales Verhältnis eingehen. Die Tragik ist auch darin begründet, dass sogar erfolgreicher Protest sich stets anders durchsetzen muss, als es die Protestsemantik, insbesondere nach einigen Eskalationsstufen, vorsieht. Letztlich kann nie erreicht werden, was gefordert wird – es wird immer zu wenig sein, und das wenige kann nur gelingen, weil mehr gefordert wurde. Und das gilt sowohl für erfolgreichen wie erfolglosen Protest: Erfolgloser Protest ist ohnehin tragisch, weil er scheitert, aber erfolgreicher Protest ist noch tragischer, weil er die Diskrepanz zwischen imaginierter Möglichkeit und umsetzbarer Wirklichkeit deutlich macht. Der erfolglose Protest hat wenigstens das Unangetastete der Forderung und die gefühlte Überlegenheit der eigenen Position auf seiner Seite.

All das heißt nicht, dass Protest niemals erfolgreich ist. Ich habe es an Beispielen angedeutet: Die Klimaproteste sind erfolgreich, weil sie alle politischen Akteure dazu zwingen, sich zum

Thema zu verhalten, selbst wenn diese deren Zielen nicht folgen wollen. Und rechtsradikale Proteste sind erfolgreich, weil sie ebenfalls in der Lage sind, politische Akteure unterschiedlicher Couleur dazu zu nötigen, sie nicht nur zur Kenntnis zu nehmen, sondern auch darauf zu reagieren, etwa in migrationspolitischen Entscheidungen, durch Übernahme von Wortwahl oder schlicht durch die Sorge, Teile der eigenen Klientel an das Protestmilieu zu verlieren.

In der Situation des Protestierens ist dieser Art Erfolg unsichtbar, intransparent. Die Gewaltnähe als Form der Herstellung von Unmittelbarkeit ist eher das Ergebnis einer Eskalationslogik, die eine besondere Form der Eigendynamik annimmt, weswegen es bisweilen nach dem Ende solcher gewaltsamer Situationen schwierig ist, Verantwortliche eindeutig zu bestimmen und zur Rechenschaft zu ziehen – zugleich ergibt sich oftmals eine ungeklärte Beziehung zwischen Gewalttätern und etwa der Polizei. Randall Collins beschreibt solche Situationen als »Vorwärtspaniken« sehr eindringlich: »Politische Massenkundgebungen und Aufmärsche verfügen über das Potenzial, in Ausschreitungen umzuschlagen, ob diese nun durch die Polizei oder die Demonstranten selbst ausgelöst werden. Die meisten Demonstrationen verlaufen friedlich; wenn es aber zu einem anhaltenden Gewaltausbruch kommt, sind bestimmte Voraussetzungen gegeben, die eine Spannung mit einem situationsspezifischen Wendepunkt entstehen lassen, an dem die Anspannung in eine einseitige Vorherrschaft über die Lage umschlägt. Die Gewalt, die in dieser Situation erfolgt, weist alle Merkmale der hitzigen Gefühlsaufwallung, der Raserei in offensichtlich ungleichen Kämpfen und des Overkills auf. Oft werden bei Ausschreitungen unschuldige Zuschauer, die selbst niemanden provoziert haben, zu Opfern einer Vorwärtspanik, was aus theoretischer Sicht nicht überrascht: Ist eine Vorwärtspanik einmal in Gang gekommen, wird in ihr praktisch kein Unterschied in der Auswahl der Opfer mehr gemacht.«[80]

Protest wird hier nicht als etwas Gewaltförmiges dargestellt – das wäre eine perfide und falsche These. Es geht darum, zu erkennen, dass die Eigendynamik von Protesten und ihre Steigerungslogik durchaus eine Disposition zu gewaltsamen Ausprägungen aufweisen können und dass deshalb mit Gewalt gerechnet werden muss. Exakt deshalb, so hat mein Argument begonnen, ist es kein beliebiger und kein zufälliger Umstand, dass zumeist die Gewaltfreiheit von Protesten betont wird.

Protest im Netz

Protest hat sich keineswegs ins Netz, in die sozialen Medien, ins Internet verlagert. Die physische Präsenz von Demonstrationen und Märschen ist nicht nur ungebrochen, sondern eher wachsend. Die Journalistin Jana Anzlinger titelt in einem Beitrag der *Süddeutschen Zeitung* treffend: »Warum der Hashtag das Megafon nicht ersetzt«.[81] Aber der Hashtag und alles, wofür der Begriff symbolisch steht, spielt durchaus eine Rolle für Proteste – und ohne Zweifel gibt es eine starke Wechselwirkung zwischen Netzprotest und Protest mit physischer Präsenz. Eine genaue Phänomenologie von Protestformen im und durch das Netz zu liefern, wäre erhellend, sprengt aber den Rahmen dieses Buches. Ich möchte aber auf zwei Aspekte hinweisen, die vor dem Hintergrund meiner bisherigen Darlegungen für das Thema mitbedacht werden wollen: einerseits den Gedanken der Niedrigschwelligkeit für Nein-Stellungnahmen und andererseits die Bedeutung des Netzes für die Eigendynamik und die Eskalationslogik von Protest.

Ich habe die These entwickelt, dass sich die moderne Kultur durch eine besondere Verbreitung und Etablierung von Nein-Stellungnahmen in der Kommunikation auszeichnet. Protest wird also niedrigschwelliger als in einer Gesellschaft, in der es mehr institutionalisierte Formen der asymmetrischen

Festlegung von Konventionen und Regeln gibt. Wenn es ein Kommunikationsmedium für niedrigschwellige Kommunikation gibt, dann sind es die sogenannten sozialen Netzwerke im Internet. Die Niedrigschwelligkeit wird schon dadurch gefördert, dass die Teilnahme an dieser Art Kommunikation mit Unsichtbarkeit und Nicht-Wahrnehmbarkeit des Teilnehmers assoziiert ist. Wenn man soziologisch unter einer Interaktion Kommunikation unter Anwesenden versteht, dann würde sich diese Kommunikationsform dadurch strukturieren und kontinuieren, dass sich Sprecher wechselseitig wahrnehmen und sich die Kommunikation über diese Form der Wahrnehmung und Wahrnehmbarkeit reguliert. Wir kennen es alle: Es ist schwieriger, einem Anwesenden gegenüber zu widersprechen als jemandem, der nicht anwesend ist. Schriftlich zum Beispiel fällt Kritik leichter als von Angesicht zu Angesicht – auch weil schriftliche Kommunikation Mitteilung und Reaktion zeitlich auseinanderziehen kann. In Interaktionen ist das nicht möglich – es ist nicht möglich, in der Interaktion eine zeitliche Auszeit zu nehmen, um sich genauer zu überlegen, wie man antworten soll. Das würde Pausen entstehen lassen, die entweder Peinlichkeit produzieren oder aber die Interaktion implodieren lassen würden. Deshalb neigt Interaktion eher zu Takt als andere Kommunikationsformen. Eines der großen Potenziale von Interaktionen, also in Echtzeit ablaufender, durch wechselseitige Wahrnehmung kontrollierter Kommunikation ist deren Zeitstruktur: Es kommt zu einem Dauerzerfall von Ereignissen. Das Gesagte verschwindet, verpufft geradezu. Wenn es in der Kommunikation nicht weiter aufgenommen wird, verschwindet es. Es kann Spuren in der Kommunikation hinterlassen – aber diese müssen durch Kommunikation wieder aufgenommen werden. Ansonsten verschwindet die Interaktion mit ihrem Auftreten. Selbst die psychischen Folgen von Interaktionen sind an den gegenwartsorientierten Operator des Bewusstseins gebunden. Man kann sich streiten – und im nächsten Moment wieder friedlich miteinander sprechen. Umgekehrt übrigens auch. Interaktion ist, was sie in der Gegenwart ist, flüchtig und doch wirksam.

Echtzeitkommunikation im Netz, etwa auf Facebook oder Twitter, verbindet die Elemente mündlicher Interaktion und schriftlicher Kommunikation. Sie ist Echtzeitkommunikation, also stark gegenwartsgebunden, durchaus auch vom Dauerzerfall von Ereignissen geprägt. Zugleich aber hinterlässt diese Art von Interaktion Spuren, schriftliche Spuren. Es ist gewissermaßen eine Form, die der Flüchtigkeit und wenig systematischen Selektivität mündlicher Kommunikation ähnlich ist, aber zugleich dokumentiert wird und später nachgelesen werden kann. Die Logik des Likens und des späteren Sharens von Spuren solcher gegenwärtiger kommunikativer Akte ist auf eine niedrigschwellige Art und Weise möglich. Sie ist beinahe voraussetzungslos. Ich habe an anderer Stelle die Form der Inklusion in Netzkommunikation in sozialen Netzwerken als »Beim Zuschauen zuschauen« charakterisiert.[82] Kommunikation in sozialen Netzwerken findet stets vor Dritten statt, und zwar vor unbestimmten Dritten. Wiewohl die Räume der Erreichbarkeit je nach Programm in den sozialen Netzwerken durchaus mehr oder weniger eng strukturiert und begrenzt sind, so ist der

Funktionssinn solcher Kommunikation doch, diese vor anderen vorzuführen, sodass jene beim Zuschauen zuschauen können und sich dann – gegebenenfalls – niedrigschwellig einklinken können.

Gerade diese Niedrigschwelligkeit ermöglicht es, dass sich Informationen im Netz wie mit einem Megafon verbreiten. Der Hashtag kann also durchaus selbst zum Megafon werden. Einer der erfolgreichsten Hashtags war sicher *#MeToo*, mit dem weltweit auf sexuelle Übergriffe aufmerksam gemacht wurde. Die Medialität dieser Art von Protestbewegung ermöglichte eine rasante Ausbreitung, gerade weil ein Hashtag die technische Möglichkeit offeriert, dass sich Kommunikation bündelt und dass die Anschlusswahrscheinlichkeit zunimmt und dadurch gewissermaßen niedrigschwelliger wird. Ein Hashtag erhöht die Wahrscheinlichkeit einer positiven Anschlusshandlung – er ist ein Kommunikationsmedium, das in gewisser Weise symbolisch generalisiert werden kann, weil es als Zeichen den Anschluss erleichtert. Dass hier sehr persönliche und individuelle Inhalte vor einer großen Zahl unbekannter, unpersönlicher, unbestimmter Beobachter preisgegeben werden, hat eben mit der Niedrigschwelligkeit des Zugangs zu tun, der sich dann in Echtzeit verbreiten kann. An diesem Beispiel kann man sehen, wie rasant sich solche Kommunikationsformen im Netz ausbreiten können und welche Wirkung sie zu entfalten in der Lage sind. Gerade weil sie so niedrigschwellig sind, sind sie inhaltsunabhängig einsetzbar, sobald es gelingt, einen Hashtag in einer bestimmten Zielgruppe zu etablieren. Das kann auch einen widersprüchlichen Effekt haben, denn die Niedrigschwelligkeit des Zugangs und die leicht erreichbare Ausbreitungsgeschwindigkeit können die Erfahrung des Vergeblichen und die Tragik der Nichterreichbarkeit von Zielen umso deutlicher machen.[83]

Die Netzkommunikation hat viele kommunikative Bedingungen der Gegenwartsgesellschaft verändert, was vor allem in der Schnelligkeit, der Ausbreitungsgeschwindigkeit gepaart mit dem fast völligen Fehlen von Stoppregeln begründet liegt. Ich habe es schon oben mit der Metapher der »Erhitzung« von Kommunikation im Anschluss an die Unterscheidung von Claude Lévi-Strauss in kalte und heiße Gesellschaften beschrieben: Anders als in »heißen« Gesellschaften geht es nicht mehr nur darum, dass sich die Fortschritts-, Veränderungs- und Abweichungsdynamik verstärken, sondern in einer Situation ohnehin kommunikativer Erhitzung wird sogar noch die Dynamik dynamisiert und gerät außer Kontrolle. Dafür ist eine sich selbst verstärkende Form der Kommunikation im Netz paradigmatisch.

Das Netz ändert die Form des Protests nicht grundlegend. Es gilt nach wie vor die Regel, dass Kommunikation dann Protestform annimmt, wenn sie nicht auf institutionalisierte Verfahren und Routinen bauen kann. Allerdings erzeugt das Netz eine nie da gewesene Form der Niedrigschwelligkeit von Protestpartizipation. Man ist buchstäblich nur einen Klick davon entfernt, Nein-Stellungnahmen durch Liken und/oder Sharen zu verstärken – und einen weiteren Klick davon entfernt, den Protest wieder zu verlassen. Zugleich macht das Netz Protest ortsunabhängiger und schneller.

Die Kommunikationsformen im Netz führen dazu, dass es kaum mehr Zeit gibt zwischen einem Ereignis und seiner Ausbreitung. Dazu kommen Selbstverstärkereffekte, die kaum mehr durch klassische Kommunikationskonzepte kontrollierbar sind.[84] Gerade die verschriftlichte Mündlichkeit dieser Kommunikationsformen erzeugt ein explosives Milieu, das nicht nur zum Medium bestehender Protestformen werden kann und wird, sondern letztlich selbst ein Protestmedium ist. Meist wird im Zusammenhang mit dem Netz auf die einschränkende Funktion von Filterblasen hingewiesen,[85] noch charakteristischer ist aber die niedrigschwellige Form der Verbreitung, die zu einer ungeheuren Eigendynamik führt, gerade was die Möglichkeiten der Verbreitung von Nein-Stellungnahmen angeht. Selbst das positive Liken – eine Ja-Stellungnahme – kann die Form einer Nein-Stellungnahme annehmen, wenn damit Negationen verbreitet werden.

Die extreme Niedrigschwelligkeit dieser Art von Kommunikation, kombiniert mit der nachgerade kostenlosen Möglichkeit der großen Nein-Geste, der Schmähkritik, der Hasskommunikation macht die besondere Bedeutung des Netzes für Protestdynamiken aus. Diese Zeilen werden in der ersten Januarwoche 2020 geschrieben, als wegen eines harmlosen Liedes eines Kinderchores im WDR-Fernsehen ein Shitstorm unter dem Hashtag *#OmaUmweltsau* entfacht wurde. Worum es da inhaltlich geht, kann getrost wieder vergessen werden – es wird auf parodierende Weise auf Klimafragen aufmerksam gemacht, indem ein Kinderlied umgedichtet wird, in dem einige Reime über das ökologische Verhalten von »meiner Oma« zur Sprache kommen, wie gesagt, an Harmlosigkeit nicht zu überbieten[86] – aber an dem Beispiel lässt sich die Eskalationslogik von Protest im Netz gut nachverfolgen. Mit hanebüchenen Interpretationen des Liedes wurde eine Grundsatzdebatte in Gang gesetzt, in deren Verlauf Themen wie Generationenhass, Klimahysterie, die Legitimation des öffentlich-rechtlichen Rundfunks, Verbotsdebatten usw. zur Sprache kamen. Über all das hätte man diskutieren können, und dass man über das Ereignis selbst unterschiedlicher Meinung sein kann, ist völlig unbestritten, und dass unterschiedliche »Meinungen« niemals nur für sich stehen, sondern stets auch eine weitere kommunikative Funktion in einer Debatte haben, ist auch unvermeidlich. So werden im Klimaschutz Aktive die satirische Qualität des Videos schon deshalb anders bewerten als solche, die sich eher skeptisch zu den Klimaschutzfragen äußern – das wäre eine ganz normale, erwartbare, letztlich auch wünschenswerte Form der öffentlichen Auseinandersetzung um solch ein Ereignis. Und so hatte es auch begonnen.

Es kam aber dann anders: Journalisten wurden bedroht, es erfolgte eine Instrumentalisierung durch rechte Gruppen im Netz, vor dem Gebäude des WDR in Köln entstand eine Demonstration mit zum Teil antisemitischen Tönen. Der Höhepunkt des Falles ist eine wortreiche, aber argumentationsarme Distanzierung des WDR-Intendanten von der Sendung und seinen eigenen Journalisten bis hin zum Löschen des Videos, das man aber im Netz danach umso besser besichtigen konnte, da gerade die virale Verbreitung dafür sorgt, dass Inhalte niemals verloren gehen. Das Netz ist tatsächlich ein Archiv aller möglichen Sätze – und Videos.[87] Wenn man etwas wirklich verbreiten will, muss man es mit Aplomb aus dem Netz löschen. Die unbeholfene Reaktion des Senders zeigt nur, welche besondere Eigendynamik Protestformen im Netz gewinnen können, weil sie eine Eskalationstragweite entfalten, die zum Teil in der Wahrnehmung erheblich größer ist, als es für den öffentlichen Kommunikationshaushalt Sinn ergibt. Wer ein Phänomen unter einem Hashtag beobachtet, kann nur dies sehen – das ist übrigens seine Funktion.

An diesem eher harmlosen und nichtigen Beispiel lässt sich die Kombination aus niedrigschwelligem Zugang und beschleunigter Eigendynamik schon nachverfolgen, die durch die Hypostasierung von Nein-Stellungnahmen im Netz möglich wird. Soziale Netzwerke sind tatsächlich nicht nur ein Medium für Proteste, sondern genuin ein Protestmedium. Nirgendwo sonst ist das Potenzial für die Steigerungslogik und die Eskalationsdynamik von Protestkommunikation größer.

Es entsteht hier eine Dynamik, für die offensichtlich noch keine angemessenen Reaktionsformen bestehen. Ein anderes Beispiel – ähnlich hilflos und unprofessionell wie die Stellungnahme des WDR-Intendanten – liegt in der Reaktion auf das Video des Bloggers Rezo mit dem Titel *Die Zerstörung der CDU* vom Mai 2019. Über den offiziellen Account des Bloggers wurde das einstündige Video über 16 Millionen Mal abgerufen und erhielt – so der Stand am 3. Januar 2020 – 1,2 Millionen Likes.[88] Inhalt des Videos war eine Kritik der Klimapolitik der Bundesregierung, aufbereitet mit wissenschaftlichen Fakten, Tabellen, Diagrammen usw. Der Stil des Videos war eben ein Bloggerstil, eher jugendaffin und sehr direkt. Überaus demütigend an dem Video war nach meinem Dafürhalten, dass es sich an die CDU richtete, die SPD aber stets mitgemeint war, was nebenbei öfter erwähnt wurde. Ob das so gewollt war, lässt sich nicht eruieren. Die performative Wirkung jedenfalls ist sehr deutlich. Das Video hat ziemlich schnell Verbreitung gefunden, es hat alle Vorteile des Netzes genutzt – leichte Erreichbarkeit, hohe Ausbreitungsgeschwindigkeit, weil der Autor schon vorher viele Follower hatte, plakative Kommunikation, leichte Anschlussfähigkeit in den sozialen Netzwerken. Es ist gewissermaßen ein Paradebeispiel dafür, wie ein Nein in einer Welt unbegrenzter Möglichkeiten für Nein-Stellungnahmen funktionieren kann.

All das ist ebenso bekannt wie erwartbar, wenn man die Logik des Netzes und der entsprechenden Kommunikationsform versteht. Bemerkenswert war, wie der Adressat, die Bundesregierung, vor allem aber die CDU mit dem Video umgegangen ist.[89] Sie musste reagieren – tat das aber nicht medienaffin, sondern so wie immer. Dass das Medium die Botschaft ist, ist eben nicht nur ein viel zitierter Gemeinplatz, sondern war im Fall Rezo live zu besichtigen. Parteien wie die hier adressierte CDU waren bisher daran gewöhnt, dass Protestierende eine Minderheitenmeinung vertreten, die man einfach wegwischen kann. Bei Rezo funktionierte das nicht mehr. Die Ausbreitungsgeschwindigkeit und der Kommunikationsstil, aber auch viele Fakten, reißerisch inszeniert, ästhetisch überzeugend, dabei auf sehr einfache, manchmal allzu einfache Kausalaussagen zugespitzt – all das ist auch ein Effekt dieses Mediums. Am liebsten hätten die Adressaten mit einer Pressemitteilung geantwortet, die zuständigen Gremien würden sich alsbald mit den angedeuteten Fragen beschäftigen. Man möge vorher von weiteren Nachfragen absehen.

Protest als Demokratiegenerator

Meine Diagnose hat bis hierher darauf abgestellt, warum es zu Protest kommt, welche Bezugsprobleme bearbeitet werden und welche Eigendynamiken zu erwarten sind. Es ging ihr insbesondere um die Eigendynamik von Protest, um die Frage, wie sich Protest stabilisiert. Aber die Frage ihrer Funktion und Bedeutung im politischen Kontext blieb dabei ausgespart. Protest gehört nicht nur zu den verbrieften Rechten, zumindest in liberalen Demokratien. Protest hat auch eine entscheidende Bedeutung für den politischen Machtkreislauf – und er ist ein Demokratiegenerator, aber nicht nur.

Hier angelangt, ist es nötig, etwas abstrakter in das Verhältnis von Politik und Gesellschaft, von Demokratie und Gesellschaft einzusteigen, denn mein Hauptargument, dass Protest sich vor allem an der Undurchdringlichkeit der Gesellschaft abarbeitet, gilt auch für demokratische Politik. Um das nicht einfach behaupten zu müssen, muss die argumentative Taktzahl hier am Ende nochmals erhöht werden.

Man muss sich die Machtausübung des Staates als einen Kreislauf vorstellen, als eine Form, in der die kollektiven Bindungsansprüche staatlicher/politischer Entscheidungen nicht einfach durchgesetzt werden können, sondern von den Adressaten, also der Gesellschaft, aufgenommen werden müssen. Entscheidungen können nicht beliebig sein, sondern müssen ihre Durchsetzbarkeit permanent an der Realität prüfen – daran, ob Entscheidungen eben tatsächlich umgesetzt werden, an der öffentlichen Meinung, an Stimmungen. Politische Macht muss darauf zählen, dass die kollektiv bindenden Entscheidungen des Staates sich irgendwie selbst durchsetzen und alle ein Interesse daran haben, auf Sanktionen verzichten zu können. Wer der Macht unterworfen ist, soll sich deren Konsequenzen möglichst selbst fügen, was in der Programmformel »Demokratie« zugleich meint, dass staatliche Entscheidungen prinzipiell zustimmungsfähig sind, selbst wenn sie den Interessen des Einzelnen im Moment widersprechen. Die Demokratie stilisiert noch die Betroffenen zu Entscheidern – was sie zugleich sind und nicht sind.[90]

Jener »Machtkreislauf«[91] besteht gewissermaßen im Feedback der Gesellschaft an den Staat, der damit seine Macht sichern und zugleich auf Sanktionen verzichten kann, also trotz der immer möglichen, zwangsförmigen Durchsetzung von Entscheidungen auf diese verzichten kann. Deshalb ist Macht durch ihre eigenen Anschlussfähigkeiten begrenzt – wer Macht ausübt, muss diese dosieren, um seine Machtchancen zu erhalten. Das gilt freilich nicht nur für politische Formen und Programme, die unter dem Label Demokratie laufen – wiewohl sich auch undemokratische, autoritäre, dem westlich-liberalen Modell entgegenstehende Programme als demokratisch bezeichnen. Das reicht von der Volksdemokratie über die gelenkte Demokratie bis hin zur illiberalen Demokratie – allesamt Modelle, die gerade die gewaltenteilenden und freien öffentlichen Verfahren der Meinungsbildung oder wenigstens Meinungsäußerung einschränken und vor allem an einem Mangel institutionalisierter Oppositionsmöglichkeiten innerhalb der politischen Institutionen laborieren. Womöglich ist das Maß dessen, was unter einem normativen Aspekt als Demokratie gelten kann, strukturell daran abzulesen, welche Rolle die Opposition im Machtkreislauf zwischen Staat und Gesellschaft spielt.

Für den absolutistischen Monarchen musste jede Abweichung und Kritik in die Form von Loyalitätsbekundungen umformuliert werden.[92] Die höfische Diplomatie kannte keine offene Opposition, sondern nur die kunstvolle Form, Differenz wie Einheit, Widerspruch wie Konsens und Kritik wie Anerkennung aussehen zu lassen. Ging es letztlich nur um den Körper des Monarchen, musste nicht sein Argument, sondern sein Gesicht gewahrt bleiben, sonst war weitere Kommunikation unmöglich – oder wurde mit drastischen Mitteln unmöglich gemacht. Kritik war Landesverrat, und das Strafmaß für dieses Delikt drastisch.

Diese Form der Herrschaft gerät unter Druck, weil die Gesellschaft nun selbst unterschiedliche Interessen zulässt und Konflikte etabliert, Widerspruch kennt, Formen der Konfliktlösung braucht – und sich gleichzeitig von der Logik der monokratischen Herrschaft emanzipieren muss. Wirtschaft und Bildung, Wissenschaft und Kunst, sogar Religion und Recht beginnen, ganz eigene Formen des Konflikts und der Interessengegensätze zu etablieren. Dieses neue Differenzierungsschema der Gesellschaft etabliert Interessengegensätze, die sich nicht mehr allein politisch aufheben lassen. In einer solchen funktional differenzierten Gesellschaft stellt sich die Frage des Verhältnisses von *volonté de tous* und *volonté générale* völlig neu – oder besser: Sie stellt sich überhaupt. Schon die Frage ist letztlich die Keimzelle der Demokratie. Dazu gehört auch die sehr langsame Etablierung einer Inklusion der Gesamtbevölkerung in den demokratischen Partizipationsprozess, man denke etwa an die Etablierung des allgemeinen Wahlrechts, das vorherige Formen der Bindung des Wahlrechts an Klassenzugehörigkeit oder Besitztitel abgelöst hat, oder an das Frauenwahlrecht, das als besonderer Indikator für eine Generalinklusion der Bevölkerung ins Politische gelten kann.[93]

In der Demokratie ist die Wahl jenes Medium, mit dem Macht erzeugt wird, der Generator von Positionen, Werten und Legitimationen. Die Wahl ist also der Akt, der in dem, was Aristoteles einst Politie nannte, die Vorteile der Demokratie und der Oligarchie miteinander verbindet, nämlich Herrschaft und Kompetenz aufeinander zu beziehen. Ämter sind Ämter auf Zeit – und deshalb ist nicht das Wählen der entscheidende Akt der Demokratie, sondern das Abwählen. Damit aber jemand abgewählt werden kann, muss innerhalb des politischen Systems eine Opposition etabliert werden, die im Falle der Abwahl gewählt ist – und die mit den entsprechenden Mitteln und Kompetenzen, mit einem angemessenen semantischen Vorrat und Programm, mit Personal und ansprechbaren Zielgruppen ausgestattet ist. Man kann freilich keine Landesverräter, keine abtrünnigen Untertanen ins Amt wählen, also nicht die, die man zuvor noch politisch verfolgt hat, wodurch die Kritik an der Regierung keine Abweichung mehr ist, sondern in das politische System hineingeholt wird. Man hat die opponierende Seite als legitimen Teil des politischen Systems anzusehen begonnen. Aus zuvor fehlgeleiteten und illoyalen Untertanen wurde deshalb, wie es seit 1826 im Vereinigten Königreich in einer schönen Formulierung heißt, *Her Majesty's Most Loyal Opposition*. Die Einheit des politischen Streits wird damit in der postabsolutistischen konstitutionellen Monarchie und in parlamentarisch-demokratischen Republiken nicht durch Versöhnung der Positionen, sondern durch Fokussierung auf ein politisches Zentrum ermöglicht, das immer schon gespalten ist. Politik operiert mit einer Doppelspitze.

Noch einmal: Von Demokratie kann erst gesprochen werden, wenn der Herrscher abgewählt werden kann – und für Monarchen bleibt dann noch mehr als in der alten Welt nur mehr die Existenz als Körper übrig, nun nicht mehr als Körper im Zentrum der Macht, sondern immer mehr als performatives Symbol für die Einheit des politischen Systems oder als abgebildeter Körper in der Boulevardpresse. Vielleicht zeichnet der Zwang, dem etwa die britische Königin ausgesetzt ist, das Regierungsprogramm des gewählten Regierungschefs zu verlesen, unabhängig davon, was in diesem Programm steht, das treffendste Bild für die Demokratie als Mechanismus des konditionalen Abgewähltwerdens. Wer nicht abgewählt werden kann, darf nicht selbst sprechen.

Unter soziologischen Gesichtspunkten ist es nicht ganz einfach, die Demokratie zu bestimmen. Man kann sich an die Selbstbeschreibung demokratischer Programme und Werte halten, oder man kann versuchen, den Funktionssinn dieses Programms und die Differenzierungsfolgen einer modernen Gesellschaft in Rechnung zu stellen. Für Erstgenannte gilt dann: »Demokratie ist dann eben nicht mehr nur eine Regierungs-, sondern eine Lebensform.«[94] So gedacht wird die Gesellschaft selbst demokratisch, und als Lösung lässt sich dann »Solidarität« in einer »kooperativen, performativen und transformativen«[95] Praxis ausmachen – und die Enttäuschung darüber, dass dies nicht das Grundprinzip allen gesellschaftlichen Handelns ist, sondern eben nur eine politische Programmformel, ist damit schon vorprogrammiert und dürfte für solcherlei Textsorten auch mit eingepreist sein, weil sie sich dann eben als Kritik und nicht als Analyse der Demokratie präsentieren können. Man kann dann mit gutem Recht und posenhafter Attitüde behaupten, dass es bis dato niemals eine Demokratie gegeben hat und auch nicht gegeben haben kann. Letztlich ist diese nur behauptete Enttäuschung sogar das Geschäftsmodell solcher politischer Theorien, weil die Nichterfüllung gewissermaßen die Existenzbedingung für die eigene kritische Pose ist.

Es fällt ohnehin schwer, solchen Forderungen und ihren Werten normativ zu widersprechen, wer kann schon etwas gegen Solidarität sagen und negieren, dass es irgendwie demokratisch zugehen soll. Aber das ist eine der Funktionen von Wertekommunikation: das Risiko der Nein-Stellungnahme zur eigenen Nein-Stellungnahme zu minimieren. Und es ist letztlich eine Protesthaltung – also eine, die sich den institutionalisierten Formen der Bewirtschaftung von Nein-Stellungnahmen explizit entzieht.

Soziologisch kann, ja muss man dem widersprechen, wenn damit mehr gemeint ist als die Selbstbeschreibung einer demokratischen Kultur, die weiß, dass die meisten Entscheidungen in der Moderne eben nicht demokratisch gefällt werden und das politische System nur ein Funktionssystem neben anderen ist. Oben habe ich argumentiert, dass Protest an die Grenzen einer Gesellschaft stößt, die alles, was sie tut, an ihrem eigenen Differenzierungsschema ausrichtet. Die Tragik des Protests besteht darin, dass er nicht eins zu eins abgebildet werden kann, weil die funktionale Differenzierung der Gesellschaft ein Handeln aus einem Guss unmöglich macht. Ökonomische, politische, wissenschaftliche, mediale, rechtliche, religiöse, familiale und alltagspraktische Zugzwänge stehen in Konkurrenz zueinander, sind nicht koordiniert, hebeln sich bisweilen gegenseitig aus. Die Gesellschaft als solche ist nicht adressierbar, nicht erreichbar, nur irritierbar, und das gleichzeitig auf unterschiedliche Weisen. Das ist Ausgangspunkt von Protest – dass die differenzierten Instanzen des Kleinarbeitens nicht die Verve erzeugen, die wünschenswert wäre. Gleichzeitig liegt darin seine Tragik, weil die Dinge am Ende wieder kleingearbeitet werden müssen.

Dem gleichen Mechanismus ist auch die Demokratie ausgesetzt – auch ihr haftet etwas Tragisches an, denn gewählt werden Personen und Programme, die stets mehr versprechen müssen, als sie halten können. Politische Programme müssen das Verhältnis von politischer Entscheidung und deren Wirkung in der Gesellschaft stets einfacher, vor allem linearer postulieren, als sie sich dann darstellen. Das ist der Politik inhärent – und die Demokratie ist darauf angewiesen, den Machtmechanismus an ein Publikum zu binden, das man vor dem politischen Handeln überzeugen muss. Der Machtkreislauf zwischen politischen Akteuren/Staat und dem politischen Publikum erzeugt dann einen permanenten Anpassungsprozess, der zu einer einigermaßen handhabbaren Form von politischer Programmatik führt, die nicht zu viel Enttäuschung produziert. Exakt deshalb ist Politik so sehr auf charismatische Personen und Situationen angewiesen, um sich Gefolgschaft zu verschaffen – ganz ähnlich wie der Protest. Genau genommen ist demokratische Politik ein Protestversuch gegen die Eigendynamik und die Differenziertheit der Gesellschaft, und exakt deshalb unterscheiden sich politische Programme vor allem im Hinblick auf die Frage der Regulierbarkeit beziehungsweise Regulierungsdichte – von ultraliberalen Ideen eines möglichst passiven Staatswesens über alle Schattierungen der Interventionsdichte bis hin zu staatsfixierten sozialistischen Modellen.

Jetzt kommt das entscheidende Argument: Aus der Perspektive von politischen Theorien – wie ich sie oben angedeutet habe, es gehe um die Demokratisierung der gesamten Gesellschaft, also enggeführt an einer ausschließlich politischen Beschreibung der Gesellschaft – erscheint die Differenzierung der Gesellschaft selbst wie ein politisches Programm. Man kann dann soziologisch auch nur eine politische Fehlprogrammierung vermuten, wenn man auf die Differenzierung der Gesellschaft gestoßen wird, als handle es sich dabei um das Ergebnis einer Entscheidung. Den Geltungsbereich empirischer Möglichkeiten muss man dann freilich verlassen.

Solches Denken hat in der Soziologie eine lange Tradition. Der schönste Fehlschluss in diese Richtung stammt von Ulrich Beck. Dieser hat immer wieder darauf hingewiesen, man möge doch von funktionaler Differenzierung auf funktionale Koordination umstellen.[96] Damit trifft er ins Schwarze – ins Schwarze der Bedingung der eigenen Unmöglichkeit, denn funktionale Differenzierung schließt exakt das aus, was hier vorgeschlagen wird. Solche Sätze brechen sich an der Eigendynamik der Gesellschaft – und tragen dasselbe Schicksal wie der Protest: Sie sind theoretisch eher dürftig und erleben an sich selbst eine semantische Eskalations- und Steigerungsdynamik, die eher Protest als Analyse ist.[97]

Für eine soziologische Theorie der Demokratie entsteht hier eine schwierige Situation, weil sie an zwei Fronten arbeiten muss: *Einerseits* muss sie zeigen, wie sehr sich die Unerreichbarkeit der Gesellschaft durch Politik strukturellen Gründen verdankt, nämlich dem, was ich oben metaphorisch mit einer allgemeinen Form der Gewaltenteilung und analytisch mit differenzierungstheoretischen Mitteln beschrieben habe. *Andererseits* muss sie glaubhaft versichern können, dass sie damit kein *politisches*, sondern ein *wissenschaftliches* Programm verfolgt. Sie muss also gegen eine rein politische Lesart zeigen können, dass sie mit der Analyse keine normativen politischen Ziele erreichen will. Natürlich kann dies dann doch auch politisch gelesen werden und erscheint als Bestätigung der Programmformel einer »demokratischen Gesellschaft« und ihrer einprogrammierten Enttäuschungserfahrung. Womöglich liegt sogar eine Enttäuschungsabsicht vor, die in der Formel, *alles* sei politisch, ihren Höhepunkt findet. Die Formel stimmt nämlich: *Alles* hat auch politische Implikationen, aber eben nur, weil alles *auch andere* Implikationen hat.

Funktionale Differenzierung ist kein politisches Programm, sondern die Ausgangsbedingung dafür, Politik im Horizont ihrer gesellschaftlichen Funktion genauer beschreiben zu können. Und dies ist kein politisches Programm für ein liberal genanntes Plädoyer, dafür, Staatstätigkeit herunterzufahren und die Gesellschaft »sich selbst« zu überlassen, was in politischen Debatten meist nichts anderes meint, als die Dinge den Marktkräften zu überlassen. Ein solches Plädoyer wäre genauso differenzierungsblind wie das andere. Es geht um etwas anderes: Es geht darum, die Bedeutung der Demokratie gerade darin zu sehen, dass nicht die gesamte Gesellschaft demokratisch wird, sondern in ihrer Eigendynamik der Gleichzeitigkeit von ganz unterschiedlichen Handlungsformen – ökonomischen, wissenschaftlichen, ästhetischen, religiösen usw. – dafür sorgen muss, kollektiv bindende Entscheidungen zu etablieren, deren Wirkungen nicht einmal der Staat selbst kontrollieren kann. Ich folge hier Niklas Luhmanns Theorie des politischen Systems: »Auch für die Wendung zur Demokratie war, wie man rückblickend erkennen kann, eine Veränderung des gesellschaftlichen Kontextes ausschlaggebend. Die Staatsform des politischen Systems ist nun durchgesetzt und nicht mehr zu bezweifeln. Am Staat wird die funktionale Autonomie des politischen Systems sichtbar. Der Staat bleibt natürlich ›souverän‹, aber mit dem Souveränitätsbegriff lassen sich die Probleme nicht mehr (oder nur zu pauschal) bezeichnen. Gleichzeitig reagieren andere Funktionssysteme, deren Ausdifferenzierung und funktionale Autonomie ebenfalls als gesichert erscheint, auf entsprechende Probleme.«[98] Gerade die Staatlichkeit des Politischen erfordert es, Legitimationsfragen ganz anders zu stellen als zuvor. Der Souverän war souverän, der Staat ist es nicht und muss sich anders Geltung verschaffen – und die Programmformel Demokratie verweist auf den Machtkreislauf, der darüber entscheidet, ob die kollektiv bindenden Entscheidungen des Staates auch gesellschaftlich relevant werden und sich stabilisieren können. Und es ist eine empirische Binsenweisheit, dass das Verhältnis von politischem System und anderen Funktionssystemen exakt das Battlefield ist, um das es in politischen Auseinandersetzungen und auch intern stabilisierenden Konfliktlinien geht. Der Klassiker besteht in der Frage, wie auf die Eigendynamik des Ökonomischen, auf die Folgen des Marktgeschehens, auf die Investitionsbereitschaft, auf die Milderung sozialer Ungleichheit, heute: auf die Emission von Kohlendioxid in die Atmosphäre, auf das Kaufverhalten von Bevölkerungen, auf Konsumstile usw. eingewirkt werden kann. Dass dies keine Eins-zu-eins-Einwirkung ist und dass die Reaktionen schwer kontrollierbar sind, dass es da aber auch eine große Variationsbreite von Möglichkeiten gibt und womöglich auch mehr Kreativität, als es sich politische Akteure vorstellen können, ist so evident, dass man es kaum betonen möchte – aber offensichtlich muss. Und dass diese Wechselseitigkeit von Politik/Staat und anderen Funktionssystemen/Institutionenarrangements der Gesellschaft weltgesellschaftlich, aber auch in Europa durchaus zu anderen Konstellationen führen kann als in dem westeuropäischen Modell der liberalen parlamentarischen Demokratie mit rechtsstaatlicher Selbstkontrolle und wenigstens verfassungsmäßig garantierter Gleichstellung aller Bürgerinnen und Bürger eines Staates beziehungsweise mit Abstrichen der Bevölkerung auf einem definierten Territorium, ist bekannt. Vielleicht muss man an ganz andere Formen der Konfrontation unterschiedlicher Funktionen denken, etwa an Orte in der Gesellschaft, die gezielt die Bearbeitung von Ausgangsproblemen aus unterschiedlichen funktionalen Perspektiven befördern. Solche Arrangements habe ich an anderer Stelle in einem Gedankenspiel als »Parlament der Funktionen« beschrieben – also als institutionalisierte Formen der Konfrontation mit der funktionalen Differenzierung der Gesellschaft. Letztlich hätten solche Modelle – in Ethikräten, Projektgruppen, runden Tischen, Planungsgruppen etc. – ein ganz eigenes Protestpotenzial gegen die institutionalisierten Formen der Bearbeitung von Nein-Stellungnahmen.[99]

Die Herausforderung der Demokratie liegt in der Frage des Machtkreislaufs und der Beschaffung und Stabilisierung von Legitimation. Politik – auch offenkundig undemokratische – muss sich im Spiegel der Gesellschaft wahrnehmen und sich so an die Gesellschaft anpassen. Sie muss ihre Machtoptionen als Regierung einerseits auf die Mehrheitsarithmetik innerhalb der politischen Institutionen beziehen, andererseits im Spiegel öffentlicher Stimmungen, Reaktionen, Sagbarkeiten, Verschiebungen usw. die eigene Position reflektieren. Als Publikum beklagt man dann gerne zu langsame oder zu schnelle Veränderungen politischer Positionen.

Der Machtkreislauf ist letztlich der systematische Ort, an dem sich die Reaktionsformen des Staates entscheiden. Man kann sagen: Der Staat reagiert auf das Politische, wie es in der Gesellschaft wahrgenommen wird beziehungsweise wie andere Funktionssysteme darauf mit ihren eigenen Mustern antworten. Worauf das politische System reagiert, ist zweierlei: *einerseits* auf die mehr oder weniger sichtbaren, mehr oder weniger eindeutig bestimmbaren Wirkungen der eigenen Politik, also der eigenen Entscheidungen auf das Verhalten von Adressaten, was man an den Selbst- und Fremdzurechnungsrallyes zwischen politischen Akteuren, vor allem zwischen Regierung und Opposition beobachten kann; *andererseits* auf Kritik, also explizite Formen der Nein-Stellungnahme. Kritik reagiert dabei auf offenkundige Fehler, Missstände, eben Kritikwürdiges, andererseits aber auch strukturell auf die funktionale Einschränkung des Politischen auf kollektiv bindende Entscheidungen und die Unerreichbarkeit der Gesellschaft. Kritik führt also die Möglichkeit der genaueren Beobachtung der »Gesellschaft« oder zumindest ihrer Selbstbeschreibung ein. Zugleich sind es eher wenige, die für die »vielen« sprechen, Kritik ist ein Geschäft eher begrenzter Gruppen mit entsprechendem semantischem Potenzial.[100]

Daraus aber auf eine Funktionslosigkeit von Kritik und Protest zu schließen, wäre ein Kurzschluss, denn es sind gerade Kritik und Protest, also die Möglichkeiten, auf die Paradoxie der Demokratie hinzuweisen, die autoritäre Regime dazu bringen, jegliche Kritik abzuwürgen. Kritische Abweichung und Protest verweisen nämlich auf die interne Paradoxie der Demokratie, dass Herrscher und Beherrschte zusammenfallen sollen. Gerade Kritik und Protest, gerade weil sie Formen der eher wenigen sind, deren Semantiken fast immer für »viele«, wenn nicht »alle« stehen, sichern gewissermaßen das Demokratische des Demokratischen, indem sie die Paradoxie der Demokratie entfalten.

Kritik und Protest sind Demokratiegeneratoren, indem sie zwar einerseits auf die Paradoxie der Demokratie hinweisen, sie aber andererseits auch partiell unsichtbar machen. Indem Kritik eine Position von außerhalb der Gesellschaft, wenigstens von außerhalb der institutionalisierten Verfahren des Staates simuliert, kann sie die Einheit von Herrschern und Beherrschten als Differenz inszenieren. Protest macht damit die Gesellschaft adressierbar und vermag genau das, was genau genommen unmöglich ist: ein Vetospieler zu sein, der die Demokratie dazu zwingt, Stellung zu beziehen. Allerdings verweist das dann wieder auf die Paradoxie des Protests selbst, die ja darin besteht, dass sie davon lebt, sich als jener Vetospieler zu zeigen, den es gar nicht geben kann. Einfacher formuliert: Im Protest wird die »Gesellschaft« in Gestalt des Staates tatsächlich adressierbar – was natürlich eine eklatante Vereinfachung der tatsächlichen Verhältnisse ist, aber dem politischen Prozess handhabbare Themen und Konflikte beschert. Im Protest bekommt der Machtkreislauf eine geradezu sinnliche Ausdrucksform.

Protest ist nun exakt an der Stelle positioniert, an der der Machtkreislauf unterbrochen werden kann, oder anders gewendet: Protest sucht nach der Stelle, an der der Machtkreislauf wenigstens als Drohung oder als Möglichkeit, wenigstens semantisch anschlussfähig unterbrochen werden kann. Protest ist vorgeführte Loyalitätsunterbrechung – vor allem bezogen auf das interne Wegarbeiten von Nein-Stellungnahmen in Verfahren. Während die Opposition innerhalb des politischen Systems dadurch für die Legitimation von Regierungsentscheidungen sorgt, dass sie die Herrschenden wenigstens dazu herausfordern kann, Gründe für das zu nennen, wofür sie ohnehin eine Mehrheit haben, sorgt Protest dafür, diese Loyalitätsform zu unterbrechen. Protest will den Machtkreislauf unterbrechen und zwingt den Machthaber, sich dazu zu verhalten. Ich habe oben gezeigt, dass Protestformen vor allem auf Visibilität zielen, Dritte adressieren, Themen auf die Agenda setzen. Damit docken diese Formen unmittelbar am zentralen Mechanismus der Demokratie an. Proteste kommen oft mit der Zumutung daher, dass sie für die *eigentlichen* Interessen des Volkes oder der Leute stünden, was eben auf das grundlegende Demokratieparadox verweist – und wenn es ihnen gelingt, das anschlussfähig zu kommunizieren, kann das Zentrum des politischen Systems gar nicht anders, als darauf zu reagieren.

Damit haben Proteste eine wichtige Funktion für die Demokratie, vielleicht sogar die entscheidende. Wahrscheinlich wäre das völlige Ausbleiben von Kritik und Protest ein Indikator für eine Art Funktionsverlust des politischen Systems. Kritik und Protest sind diejenigen kommunikativen Tests, die in der Lage sind, den Möglichkeitsraum politischer Entscheidungen auszuloten. Sie ermöglichen es nicht nur, den Betrieb zu stören, indem sie daran erinnern, wie fragil das Verhältnis von Machthaber und Beherrschten ist, von Herr und Knecht, wie es hegelianisch heißen würde. Demokratische Verfahren mit ihren zeitintensiven Konditionalprogrammen sind Versuche der Entkoppelung von Demos und Entscheidung, was den meisten politischen Entschlüssen wahrscheinlich guttut. Proteste erinnern an diese Distanz und zwingen den Machthaber dazu, Stellung zu beziehen – und auch diese Diagnose gilt nicht nur für die eher sympathischen Protestinhalte, sondern letztlich für alle, die eine solche Wirkung erzielen. Protest, auch Kritik an den demokratischen Routinen und Verfahren, ist gewissermaßen ein Demokratiegenerator, ein Versuch, den Impetus des Demokratischen in den Prozess zurückzuholen und damit die Demokratie mit Leben zu erfüllen.

Man kann das Verhältnis von Protest und Demokratie freilich auch anders erzählen. Protest ist nicht nur ein Demokratiegenerator, sondern auch eine *Gefährdung* der Demokratie. Denn Protest zielt immer auch auf die Delegitimation der demokratischen Verfahren selbst. Man sollte diese rechtsfeste Verfahrensförmigkeit nicht nur als Beiwerk oder Hülle des eigentlich Demokratischen ansehen, sondern es als Bedingung für das Demokratische verstehen. Demokratische Verfahren zeichnen sich ja gerade dadurch aus, dass sie den Grundcode des Politischen, nämlich über Macht zu verfügen oder nicht, auf beiden Seiten der Unterscheidung bearbeiten. Demokratische Verfahren versorgen auch diejenigen mit Einflussmöglichkeiten, ja: mit einem gewissen Machtpotenzial, die eben nicht an der Macht sind. In parlamentarischen Verfahren wäre an die Opposition zu denken, bei der betrieblichen Mitbestimmung, aber auch in Gremien anderer Organisationen an die Partizipation von Gruppenvertretern, bei wenig organisierten

Deliberationen wenigstens an die Garantie von Rederecht. Protest entsteht nun dort, wo diese institutionalisierten Formen der Ermächtigung derer ohne Machtoption als zu gering erscheinen oder nicht genügend Sichtbarkeit erzeugen. Exakt deshalb kann Protest durchaus auch eine destabilisierende Wirkung auf die Demokratie haben – außerparlamentarischer Druck kann die parlamentarischen Prozesse mit einer größeren Bandbreite von Argumenten, vielleicht auch mit einer größeren Dringlichkeit, mit neuen Machtoptionen ausstatten. Er kann aber auch demokratische Verfahren paralysieren und delegitimieren.

Man kann das an meinen beiden Beispielen gut beobachten. Den Klimaprotesten ist es ganz ohne Zweifel gelungen, die Dringlichkeit des Themas in eine Form zu bringen, mit der Parlamente weiterarbeiten können, besser: nun müssen. Mit höheren Eskalationsstufen des Protests freilich wird das, was am Ende operativ in politische Entscheidungen umgesetzt wird, der Bewegung niemals ausreichen. Aus diesem Dilemma gibt es kein Entrinnen. Die Frage ist dann, unter welchen Bedingungen Protest eine Form finden kann, die mit den demokratischen Verfahren kompatibel bleibt.

Für rechtspopulistischen Protest gilt – *horribile dictu* – Ähnliches. Er hat es gerade während der Flüchtlingskrise geschafft, das Geschehen als »Krise« zu definieren, und politische Akteure geradezu gezwungen, die Sphäre der Sagbarkeit zu erweitern. Aus der Erinnerung fallen einem vielleicht noch die Bemerkungen Sigmar Gabriels über den Zusammenhang von Flüchtlingsaufkommen und Rentenkürzungen ein – ich muss das hier nicht weiter belegen oder begründen. Das Beispiel ist selbstillustrativ. Es war vor allem Protest, der in der Lage war, Kommunikation so zu infizieren, dass der damalige Bundeswirtschaftsminister Sätze sagte, die sonst nicht möglich gewesen wären – und es geht mir hier nicht um die Frage, ob die Sätze stimmen oder nicht. Es war frappierend, wie der semantische Druck von außen die Semantik innerhalb zum Schwingen brachte und zum Teil jetzt noch bringt.

Man kann durchaus sagen, dass die Klimaproteste derzeit ebenso mitregieren, wie rechtskonservative und rechte Proteste das in der Flüchtlingspolitik getan haben. Das muss nicht falsch sein, rechtlich verbrieft ist es ohnehin – aber es hat durchaus auch das Potenzial der Gefährdung demokratischer Verfahren. Wie gesagt: Es ist dies nur eine alternative Beschreibung zu der These, Protest sei ein Demokratiegenerator. Hier kommt es dann auf empirische Fragen im Einzelnen an.

Proteste sind eben auch Selbstermächtigungen ohne demokratisch erworbenes Mandat. Dieses Argument mag stets für diejenigen Protestformen plausibel erscheinen, denen man selbst inhaltlich nicht zugeneigt ist, es gilt aber genau genommen für alle Protestformen. Exakt diese Selbstermächtigung aber gehört auch zu den demokratischen Rechten und zum Machtkreislauf zwischen Staat und Publikum/Gesellschaft.

Protest hat international Konjunktur. Wie die norwegische Protestforscherin Sirianne Dahlum berichtet, haben politische Protestformen in den letzten Jahren weltweit zugenommen, durch internationale Vernetzung zum Teil mit wechselseitiger Zitation von Formeln und Formen und nicht zuletzt als Ausdruck von Unzufriedenheit.[101] Ausgangspunkt solcher Proteste ist tatsächlich fast immer die Erfahrung der Protestierenden, dass die gewohnten Routinen der politischen Meinungs- und Strategiebildung nicht ausreichen, um mit der eigenen Unzufriedenheit umzugehen beziehungsweise Verbesserungen zu erreichen. Beschreibt man das aus der Protestperspektive selbst, heißt es, der Kapitalismus könne seine Versprechen immer weniger einlösen, wie Oliver Nachtwey jüngst in einem Interview über die »neue Lust« am Protest formulierte[102] – ein schönes Beispiel dafür, wie »Kapitalismus« als gängige Chiffre für jene Komplexität einer modernen Gesellschaft eingesetzt wird, die eben die Unerreichbarkeit der Gesellschaft für den Staat selbst und erst recht für Protestformen symbolisiert. Aber es trifft tatsächlich exakt das, worum es geht: Protest ist der demokratische Ausdruck der Unerreichbarkeit der Gesellschaft, eingeschlossen Interessen- und Machtkonstellationen, die selbst Ausdruck der Komplexität eben jenes dezentralen komplexen Gesellschaftssystems sind. Aber: »Gegen Komplexität kann man nicht protestieren.«[103]

Protest ist gewissermaßen ausgelagerte Opposition. Wenn es in systemtheoretischer Lesart stimmt, dass es die Unterscheidung von Regierung und Opposition ist, die die Grundcodierung des politischen Systems darstellt, an der sich alle politische Aktion orientiert und bricht, dann ist Protest aus den politischen Institutionen ausgelagerte Opposition – und damit sowohl Demokratiegenerator als auch ein Demokratiegefährder. Wie die Opposition in den Parlamenten ästhetisch für die Entfaltung des Demokratieparadoxes steht, indem sie vorführt, dass die Beherrschten Teil des Herrschaftssystems sind, stellen Protestformen eine Radikalisierung des Demokratieparadoxes dar, und zugleich seine Lösung durch Anschlussfähigkeit. Die Frage ist dann, wie sich Proteste so auf Entscheidungslagen auswirken, dass Massenloyalität wiederhergestellt werden kann.

Am Beispiel des Klimawandels läuft dazu gerade ein Großversuch. Wie wird es gelingen, die starken Forderungen der Protestbewegungen in politische Entscheidungen zu übersetzen, mit denen man wählbar bleiben, die entsprechende Resonanz im ökonomischen System erzeugen, eine angemessene Alltagstauglichkeit beweisen und dazu noch Überzeugungsarbeit für Skeptiker leisten kann? Der Protest ist die Opposition. Was kann die Regierung tun? Diese Grundfrage wiederholt sich hier. Es geht, wie gesagt, um den Machtkreislauf und die Frage, wie mit möglichen Unterbrechungen umgegangen werden kann.

Die Funktion des Protests besteht auch darin, Möglichkeitsräume auszutesten – für Sagbares, zum Teil auch für Entscheidbares. Dass dies möglich ist und nicht folgenlos bleibt, ist wahrscheinlich die Grundlage aller Demokratie, was keine Wertaussage ist. Die Demokratie ist insofern riskant, als sie auch für weniger erwünschte Formen der Willensbildung steht. Der Verlust der Bindekraft der klassischen Volksparteien in Europa und das Erstarken zum Teil rechtspopulistischer und -radikaler Inhalte ist in diesem Sinne durchaus ein demokratischer Vorgang.[104] Die Demokratie ist riskant – sie schließt auch die demokratischen Möglichkeiten von Antidemokraten ein. Es bleibt diese Ambivalenz allen Protests, der eben die institutionellen Formen des politischen Prozesses nicht ersetzen, sondern nur irritieren kann. Das ist das am Ende ambivalente Ergebnis einer Denkbemühung, die der Form der Protests soziologisch gerecht werden will, indem sie sich einerseits für die Funktion des Protests und seine tragische Eigendynamik interessiert, andererseits nicht selbst die Form des Protests annimmt. Sie ist eher eine Soziologie des Politischen als politische Soziologie.

Anmerkungen

1 Vgl. dazu für die frühe Bundesrepublik Wolfgang Kraushaar: *Die Protestchronik, 4 Bände*. Hamburg 1996.

2 Vgl. Friedrich-Wilhelm Graf: *Der Protestantismus. Geschichte und Gegenwart*. 3. Aufl., München 2017.

3 Vgl. Armin Nassehi und Irmhild Saake: »Kontingenz: Methodisch verhindert oder beobachtet? Ein Beitrag zur Methodologie der qualitativen Sozialforschung«, in: *Zeitschrift für Soziologie* 31 (2002), S. 66–86.

4 Vgl. dazu Dirk Baecker: *Form und Formen der Kommunikation*. Frankfurt am Main 2005.

5 Vgl. Elmar Güthoff: »Kirchenanwalt«, in: *Lexikon für Theologie und Kirche. Band 5*. 3. Aufl., Freiburg 1996, S. 1509.

6 Niklas Luhmann: *Die Gesellschaft der Gesellschaft*. Frankfurt am Main 1997, S. 320.

7 Ähnlich bestimmt Dirk Baecker Kommunikationssysteme als Einheit der Differenz von Reproduktion und Störung. Vgl. Dirk Baecker: *Form und Formen der Kommunikation*. Frankfurt am Main 2005, S. 152 f.; allgemein zum Kommunikationsbegriff Niklas Luhmann: *Soziale Systeme. Grundriß einer allgemeinen Theorie*. Frankfurt am Main 1984, S. 109 ff.; Armin Nassehi: »Die Differenz der Kommunikation und die Kommunikation der Differenz. Über die kommunikationstheoretischen Grundlagen von Luhmanns Gesellschaftstheorie«, in: Hans-Joachim Giegel und Uwe Schimank (Hg.): *Beobachter der Moderne. Beiträge zu Niklas Luhmanns »Die Gesellschaft der Gesellschaft«*. Frankfurt am Main 2003, S. 21–41; Armin Nassehi: »Wenn wir wüssten! Kommunikation als Nichtwissensmaschine«, in: *Kursbuch 180. Nicht wissen*. Hamburg 2014, S. 9–25.

8 Niklas Luhmann: *Die Gesellschaft der Gesellschaft*. Frankfurt am Main 1997, S. 853.

9 Ebd.

10 Vgl. Armin Pfahl-Traughber: »Pegida als neue Protestbewegung von ›rechts‹«, in: Uwe Backes, Alexander Gallus und Eckhard Jesse (Hg.): *Jahrbuch Extremismus & Demokratie*. 27. Jahrg. Baden-Baden 2015, S. 154–171.

11 Jan-Werner Müller: *Was ist Populismus?* Berlin 2016; ähnlich Yascha Mounk: *Der Zerfall der Demokratie. Wie der Populismus den Rechtsstaat bedroht*. München 2018.

12 Vgl. Niklas Luhmann: *Ausdifferenzierung des Rechts*. Frankfurt am Main 1981, S. 101 ff.

13 Vgl. dazu Armin Nassehi: »Diese Jugendbewegung taugt nicht als Feindbild.« Interview von Philipp Faigle auf *Zeit online* vom 19.08.2019. https://www.zeit.de/campus/2019-08/armin-nassehi-soziologie-jugend-generationen-interview/komplettansicht [zuletzt abgerufen am 18.01.2020].

14 Ich verzichte hier zugunsten der Protagonistin auf Belege.

15 Vgl. Armin Nassehi: »Eine Linke braucht es nicht mehr«, in: *Zeit online* vom 13.07.2017. https://www.zeit.de/kultur/2017-07/g20-linke-gewalt-kapitalismuskritik-globalisierung-essay/ [zuletzt abgerufen am 18.01.2020].

16 Armin Nassehi: »Kunst im System«, in: ders.: *Gesellschaft der Gegenwarten. Studien zur Theorie der modernen Gesellschaft II*. Berlin 2011, S. 310–336.

17 Vgl. etwa Johannes Huinink J. und Michael Wagner: »Individualisierung und die Pluralisierung von Lebensformen«, in: Jürgen Friedrichs (Hg.): *Die Individualisierungs-These*. Wiesbaden 1998, S. 85–106.

18 Vgl. dazu schon klassisch Lars Clausen: *Jugendsoziologie*. Stuttgart 1976.

19 Vgl. dazu Irmhild Saake und Armin Nassehi: »Die Kulturalisierung der Ethik. Eine zeitdiagnostische Anwendung des Luhmannschen Kulturbegriffs«, in: Günter Burkart und Gunter Runkel (Hg.): *Luhmann und die Kulturtheorie*. Frankfurt am Main 2004, S. 102–135.

20 So schon Armin Nassehi: *Gab es 1968? Eine Spurensuche*. Hamburg 2018, S. 88.

21 So etwa Robert Pfaller: *Erwachsenensprache. Über ihr Verschwinden aus Politik und Kultur*. Frankfurt am Main 2017.

22 Zum Folgenden bereits Armin Nassehi: *Gab es 1968? Eine Spurensuche*. Hamburg 2018, S. 143–148.

23 Sven Reichardt: *Authentizität und Gemeinschaft. Linksalternatives Leben in den siebziger und frühen achtziger Jahren*. Berlin 2014, S. 41 f.

24 Ebd., S. 55 f.

25 Ebd., S. 873.

26 Ebd., S. 889.

27 Andreas Reckwitz: *Das Ende der Illusionen. Politik, Ökonomie und Kultur in der Spätmoderne*. Berlin 2019 (Kindle-Ausgabe), Pos. 222; vgl. auch: Andreas Reckwitz: *Gesellschaft der Singularitäten*. Berlin 2017.

28 Andreas Reckwitz: *Das Ende der Illusion*, a.a.O., Pos. 234.

29 Ebd.

30 Luc Boltanski und Ève Chiapello: *Der neue Geist des Kapitalismus*. Konstanz 2003.

31 So schon die Rezension von *Gesellschaft der Singularitäten* von Hans Kilian in: *Kölner Zeitschrift für Soziologie und Sozialpsychologie* 70 (2018), S. 311–313.

32 Zum Verhältnis von Gesellschaftsanalysen in der Sach- und in der Sozialdimension vgl. Armin Nassehi: »Inklusion, Exklusion, Ungleichheit«, in: ders.:

Gesellschaft der Gegenwarten. Studien zur Theorie der modernen Gesellschaft II. Berlin 2011, S. 161–192.

33 Vgl. Aladin El-Mafaalani: *Das Integrationsparadox*. Köln 2019.

34 Vgl. Jürgen Habermas: *Theorie des kommunikativen Handelns. Zwei Bände*. Frankfurt am Main 1981.

35 Vgl. Irmhild Saake: »Soziologie der Ethik. Semantiken symmetrischer Kommunikation«, in: Armin Nassehi, Irmhild Saake und Jasmin Siri (Hg.): *Ethik – Normen – Werte*. Wiesbaden 2015, S. 43–67.

36 Irmhild Saake: »Alles wird ethisch. Gremienethik als neue Herrschaftskritik«, in: *Kursbuch 176. Ist Moral gut?* Hamburg 2013, S. 47–63.

37 Irmhild Saake: »Schweigen für eine bessere Welt. Über Symmetrie und die heldische Kuh Bavaria«, in: *Kursbuch 187. Welt verändern*. Hamburg 2016, S. 150–170, hier S. 164.

38 Francis Fukuyama: »Why National Identity Matters», in: *Journal of Democracy* 29, 4 (2018), S. 5–15, hier S. 5.

39 Vgl. Gerhard Gamm: *Flucht aus der Kategorie. Die Positivierung des Unbestimmten als Ausgang der Moderne*. Frankfurt am Main 1994, S. 236; vgl. auch Julian Müller: *Bestimmbare Unbestimmtheiten. Skizze einer indeterministischen Soziologie*. Paderborn 2015.

40 Vgl. exemplarisch etwa Stephan Lessenich: *Die Neuerfindung des Sozialen. Der Sozialstaat im flexiblen Kapitalismus*. Bielefeld 2008; Anja Röcke: »(Selbst) Optimierung. Eine soziologische Bestandsaufnahme«, in: *Berliner Journal für Soziologie* 27 (2017), S. 319–335; Ulrich Bröckling: *Das unternehmerische Selbst: Soziologie einer Subjektivierungsform*. Frankfurt am Main 2007.

41 So schon in Armin Nassehi: »Political Correctness. Zwischen Orthofonie, Bullshit und sozialem Wandel«, in: *Kursbuch 191. Bullshit.Sprech*. Hamburg 2017, S. 113–128.

42 Slavoj Žižek: »Ihr verteidigt auch nur Eure Privilegien«, in *Neue Zürcher Zeitung online* vom 31.05.2017. https://www.nzz.ch/feuilleton/das-paradox-der-political-correctness-ihr-verteidigt-auch-nur-eure-privilegien-ld.1298419 [zuletzt abgerufen am 18.01.2020].

43 Timothy Garton Ash: *Redefreiheit. Prinzipien für eine vernetzte Welt*. München 2016.

44 Vgl. meine Rezension in: *Frankfurter Allgemeine Zeitung* vom 18.02.2020.

45 Cornelia Koppetsch: »Eine kultursoziologische Kartierung der Gegenwart – doch stimmt sie auch? Beitrag zu einem Buchforum über Andreas Reckwitz: *Gesellschaft der Singularitäten*«, in: *soziopolis* vom 10.11.2017. https://soziopolis.de/beobachten/kultur/artikel/reckwitz-buchforum-2-die-gesellschaft-der-singularitaeten/ [zuletzt abgerufen am 18.01.2020].

46 Vgl. dazu ausführlich Armin Nassehi: *Muster. Theorie der digitalen Gesellschaft*. München 2019, S. 287 f.

47 Vgl. Eli Pariser: *The Filter Bubble. What the Internet is Hiding from You.* London 2011.
48 Vgl. Dirk Baecker: *Studien zur nächsten Gesellschaft.* Frankfurt am Main 2007, S. 140.
49 Armin Nassehi: *Der soziologische Diskurs der Moderne.* Frankfurt am Main 2006, S. 78.
50 Bernd Ulrich: *Alles wird anders. Das Zeitalter der Ökologie.* Köln 2019.
51 So die systemtheoretische Paraphrasierung der Funktion funktionaler Differenzierung. Vgl. dazu Niklas Luhmann: *Die Gesellschaft der Gesellschaft.* Frankfurt am Main 1997, S. 743 ff.
52 Vgl. dazu Peter Felixberger: *Wie gerecht ist die Gerechtigkeit?* Hamburg 2012.
53 Carl Schmitt: »Soziologie des Souveränitätsbegriffes und politische Soziologie«, in: Melchior Palyi (Hg.): *Erinnerungsgabe für Max Weber.* München/Leipzig 1923, Bd. 2, S. 3–35, hier S. 5.
54 Ernst Jünger: *In Stahlgewittern.* 47. Aufl., Stuttgart 2010.
55 Vgl. Armin Nassehi: *Gab es 1968? Eine Spurensuche.* Hamburg 2018.
56 So schon hier: Armin Nassehi: »Kapitalismuskritik ist Selbstberuhigung«, in *Zeit online* vom 07.07.2015. https://www.zeit.de/kultur/2015-07/kapitalismuskritik-selbstberuhigung-armin-nassehi [zuletzt abgerufen am 18.01.2020].
57 Hans Rosling et al.: *Factfulness.* Berlin 2019.
58 Illustrativ zu beobachten bei Jutta Ditfurth: *Haltung und Widerstand. Eine epische Schlacht um Werte und Weltbilder.* Hamburg 2019.
59 Vgl. dazu Franz Walter: *Gelb oder Grün? Kleine Parteiengeschichte der besserverdienenden Mitte in Deutschland.* Bielefeld 2010; Ludger Volmer: *Die Grünen.* München 2009.
60 Vgl. Götz Kubitschek: »Höckes Schachzug – drei Anmerkungen«, in: *Sezession online* vom 05.02.2020. https://sezession.de/62123/hoeckes-schachzug-drei-anmerkungen
61 Armin Nassehi: *Gab es 1968? Eine Spurensuche.* Hamburg 2018, S. 29 ff.
62 Botho Strauß: »Der Plurimi-Faktor. Anmerkungen zum Außenseiter«, in: *Spiegel* 31/2013, S. 108–112.
63 Armin Mohler: *Gegen die Liberalen.* Schnellroda 2013, S. 9.
64 Ebd., S. 14.
65 Vgl. dazu Peter Felixberger und Evelin Schultheiß: »Kompakt Campact. Ein Gespräch mit Günter Metzges-Diez, Mitgründer des größten deutschen Kampagnen-Netzwerks«, in: *Kursbuch 187: Welt verändern.* Hamburg 2016, S. 74–92.
66 Max Weber: *Wirtschaft und Gesellschaft. Grundriß der verstehenden Soziologie.* Tübingen 1985, S. 140.
67 Vgl. dazu Robert C. Tucker: »The Theory of Charismatic Leadership«, in: *Daedalus* 97, 3 (1968), S. 731–756.

68 Vgl. Armin Nassehi: *Gab es 1968? Eine Spurensuche.* Hamburg 2018, S. 162 ff.

69 Diedrich Diederichsen: *Über Pop-Musik.* Köln 2014, S. XXVIII.

70 Lars Geiges, Tobias Neef und Pepijn van Dijk: »›Wir hatten es irgendwann nicht mehr im Griff‹. Occupy und andere systemkritische Proteste«, in: Franz Walter et al. (Hg.): *Die neue Macht der Bürger. Was motiviert die Protestbewegungen.* Reinbek bei Hamburg 2013 (Kindle-Ausgabe), Pos. 3508.

71 Vgl. Armin Nassehi: *Gab es 1968? Eine Spurensuche.* Hamburg 2018, S. 88.

72 Sehr instruktiv dazu das Interview des *Extinction-Rebellion*-Aktivisten Roger Hallam: »Ich wäre ins Gefängnis gegangen – das ist wie mit der Weißen Rose: Scheiß nicht auf Deine Kinder!«. in *Spiegel* 48/2019, S. 26 ff.

73 Vgl. dazu Peter Mörtenböck und Helge Mooshammer: *Occupy: Räume des Protests.* Bielefeld 2012; Dieter Rucht: »Die Gelbwestenbewegung – Stand und Perspektiven«, in: *Forschungsjournal Soziale Bewegungen* 32, 2 (2019), S. 137–48.

74 Vgl. Leo Klimm: »Aufstand der Mittelschicht«, in: *Süddeutsche Zeitung* vom 17.11.2018.

75 Peter Felixberger: »FLXX«, in: *Kursbuch 200. Revolte 2020.* Hamburg 2019, S. 241–246, hier S. 241.

76 Vgl. Hans-Jürgen Friess und Viola Neu: *Die Heterogenität des Protestes. Eine Untersuchung von Einstellungen potenzieller Protestwähler und politischem Protest im Internet.* Sankt Augustin/Berlin 2018.

77 Götz Kubitschek: *Provokation.* Schnellroda 2007.

78 Vgl. Jan Philipp Reemtsma: *Vertrauen und Gewalt. Versuch über eine Konstellation der Moderne.* Hamburg 2013.

79 Ferdinand Sutterlüty: »Kollektive Gewalt und urbane Riots. Was erklärt die Situation?«, in: Axel T. Paul und Benjamin Schwalb (Hg.): *Gewaltmassen. Über Eigendynamik und Selbstorganisation kollektiver Gewalt.* Hamburg 2015 (Kindle-Ausgabe), Pos. 4867.

80 Randall Collins: »Vorwärtspaniken und die Dynamik von Massengewalt«, in: Axel T. Paul und Benjamin Schwalb (Hg.): *Gewaltmassen. Über Eigendynamik und Selbstorganisation kollektiver Gewalt.* Hamburg 2015 (Kindle-Ausgabe), Pos. 4372.

81 Jana Anzlinger: »Warum der Hashtag das Megafon nicht ersetzt«, in: *Süddeutsche Zeitung* vom 23.07.2019.

82 Vgl. Armin Nassehi: *Muster. Theorie der digitalen Gesellschaft.* München 2019, S. 281 ff.

83 Vgl. dazu Erica Chenoweth et al.: »This may be the largest wave of nonviolent mass movements in world history. What comes next? Social media has made mass protests easier to organize — but, perhaps paradoxically, harder to resolve«, in: *Washington Post online*, 16.11.2019. https://www.washingtonpost.com/politics/2019/11/16/this-may-be-largest-wave-nonviolent-mass-movements-world-history-what-comes-next/ [zuletzt abgerufen am 18.01.2020].

84 Vgl. dazu Bernhard Pörksen: *Die große Gereiztheit. Wege aus der kollektiven Erregung.* München 2018; Bernhard Pörksen und Hanne Detel: *Der entfesselte Skandal. Das Ende der Kontrolle im digitalen Zeitalter.* Köln 2012.

85 Vgl. Christoph Kappes: »Menschen, Medien und Maschinen. Warum die Gefahren der ›Filter Bubble‹ überschätzt werden«, in: *Merkur* 3/2012, S. 256–263.

86 Der Fall selbst ist so lächerlich und harmlos, dass er hier nicht referiert werden muss. Eine Chronik der Ereignisse wird hier journalistisch zusammengetragen: Michael Hanfeld: »Meine Oma hatte gar kein Motorrad. Von #Umweltsau zu #Omagate«, in: *FAZ online* vom 02.01.2020. https://www.faz.net/aktuell/feuilleton/medien/chronik-einer-eskalation-was-man-mit-sozialen-medien-anrichtet-16561340.html [zuletzt abgerufen am 18.01.2020].

87 Vgl. Armin Nassehi: *Muster. Theorie der digitalen Gesellschaft.* München 2019, S. 289.

88 Rezo ja lol ey: »Die Zerstörung der CDU«, in: youtube.de vom 18.05.2019. https://www.youtube.com/watch?v=4Y1lZQsyuSQ [zuletzt abgerufen am 18.01.2020].

89 Das Argument findet sich schon hier: Armin Nassehi: »Diese Jugendbewegung taugt nicht als Feindbild.« Interview von Philipp Faigle auf *Zeit online* vom 19.08.2019. https://www.zeit.de/campus/2019-08/armin-nassehi-soziologie-jugend-generationen-interview/komplettansicht [zuletzt abgerufen am 18.01.2020].

90 Vgl. dazu Armin Nassehi: *Die Wiedergewinnung des Politischen. Eine Auseinandersetzung mit Wahlverweigerung und kompromisslosem Protest.* Sankt Augustin/Berlin 2016, S. 27 ff.

91 Vgl. dazu Niklas Luhmann: *Die Politik der Gesellschaft.* Berlin 2000, S. 258 ff.

92 Zum Folgenden schon Armin Nassehi: »Abwählen! Warum in Demokratien die Opposition regiert, es aber in Europa nicht gelingt«, in: *Kursbuch 174. Richtig Wählen.* Hamburg 2013, S. 25–36.

93 Vgl. dazu Birte Förster: *1919. Ein Kontinent erfindet sich neu.* Stuttgart 2018, S. 15–31; Hedwig Richter: »Sind Frauen die besseren Revolutionäre? Eine kleine Heldinnengeschichte«, in *Kursbuch 200: Revolte 2020.* Hamburg 2019, S. 84–101.

94 So jüngst exemplarisch Stephan Lessenich: *Grenzen der Demokratie. Teilhabe als Verteilungsproblem.* Ditzingen 2019, S. 25.

95 Ebd., S. 96 ff.

96 Vgl. Ulrich Beck: *Die Erfindung des Politischen.* Frankfurt am Main 1993, S. 78.

97 Hier noch einmal der Hinweis auf Stephan Lessenich: *Grenzen der Demokratie. Teilhabe als Verteilungsproblem.* Ditzingen 2019.

98 Niklas Luhmann: *Die Politik der Gesellschaft.* Berlin 2000, S. 353.

99 Vgl. dazu ausführlich Armin Nassehi: *Die letzte Stunde der Wahrheit. Kritik der komplexitätsvergessenen Vernunft.* Hamburg 2018, S. 206.

100 Niklas Luhmann formuliert das so: »Die Kommunikationsform ist dann: Kritik, die sich selbst auf der Basis dieser Prämisse eine Daueraufgabe zuspricht. Sie macht sich strukturell in der Form einer elitären Differenzierung bemerkbar: Nur wenige von vielen befassen sich aktiv mit Kritik und Protest.« Ebd., S. 357.

101 Sirianne Dahlum zitiert in (ohne Autor): »Die Welt in Aufruhr«, in: *Süddeutsche Zeitung* vom 28./29.12.2019, S. 6.

102 Vgl. dazu »Soziologe sieht neue Lust am Protest in Europa. Oliver Nachtwey im Gespräch mit Frederik Rother im Deutschlandfunk am 05.12.2019«. https://www.deutschlandfunk.de/grossdemonstrationen-soziologe-sieht-neue-lust-am-protest.795.de.html?dram:article_id=465074 [zuletzt abgerufen am 18.01.2020].

103 Niklas Luhmann: *Die Gesellschaft der Gesellschaft*. Frankfurt am Main 1997, S. 861.

104 Vgl. Armin Nassehi: »Arithmetik oder Algebra? Der Erfolg der AfD – ein deutlich demokratischer Vorgang«, in: *Spiegel* 50/2017, S. 144f.

Über den Autor

© Hans Günther Kaufmann

Armin Nassehi (*1960) ist Soziologieprofessor an der Ludwig-Maximilians-Universität in München und Herausgeber des *Kursbuch*. Zuletzt erschien *Muster. Theorie der digitalen Gesellschaft* im C.H.Beck Verlag. Im Murmann Verlag veröffentlichte er unter anderem *Mit dem Taxi durch die Gesellschaft*, in der kursbuch.edition erschien *Gab es 1968? Eine Spurensuche* und *Die letzte Stunde der Wahrheit. Kritik der komplexitätsvergessenen Vernunft.*